Elisabeth Döpp, Christian Willrich und Jörn Rebbe

KORN & CO.

FOTOGRAFIE
Heinz-Josef Beckers

GU GRÄFE UND UNZER

INHALTSVERZEICHNIS

Kleine Körner – groß im Trend

Schlemmen nach Herzenslust: Die Zeiten, als Körnerküche mit Askese gleichgesetzt wurde, sind vorbei. Das Angebot wird immer vielfältiger, was beweist, daß die kleinen runden Dinger mächtig auf Erfolgskurs sind.
In der hinteren Umschlagklappe stellen wir Ihnen alle unbekannteren Körner in Kurzsteckbriefen und im Bild vor. Ausführlichere Beschreibungen finden Sie in den Einleitungen zu den einzelnen Kapiteln. Quell- und Garzeiten der einzelnen Körner finden Sie in einer Tabelle in der vorderen Umschlagklappe.

Verlockende Spezialitäten

Spezialitäten wie Couscous und Bulgur aus der nordafrikanischen Küche, Amaranth und Quinoa aus Lateinamerika und Basmati- und Jasminreis aus Asien waren bis vor kurzem bei uns kaum zu haben. Grünkern, Dinkel, Hirse und Buchweizen haben jetzt exotische Konkurrenz bekommen.

Raffiniert und schnell

Sie wollen rasch etwas Besonderes kochen? Tolle Körnerprodukte mit kurzen Garzeiten machen es möglich. Bereits nach etwa 30 Minuten können Sie Ihre Freunde mit einem rundum köstlichen Gericht verwöhnen: Orientalischer Couscoussalat, Kräuter-Tabouleh, Kasha mit Pilzen oder Buchweizen-Risotto. Mit Couscous, Bulgur oder Buchweizen können Sie auch blitzschnell eine Beilage »zaubern«.

Der feine Genuß

Naturreis für ein feines Essen? Je nach Sorte ist der ungeschälte Naturreis heute gar nicht mehr rustikal. Spezialitäten »in Natur« wie Basmatireis, Jasminreis oder Camargue-Reis haben ein angenehmes Aroma, sind zart in der Struktur und hell in der Färbung. Sie passen phantastisch zu Curries und raffiniert gewürzten Gemüsegerichten.

• Küchentip: Freilich dauert es im Schnitt etwa 40 Minuten, bis Naturreis gar ist – ein Handicap, wenn es schnell gehen soll. Ein Trick: Einfach die doppelte Portion garen. Gekochter Reis hält sich im Kühlschrank ein paar Tage, in der Tiefkühltruhe – zum schnellen Auftauen flach gepackt – einige Monate.

Healthy Food zum Sattessen

Sie wollen nach Herzenslust essen und sich dabei etwas Gutes tun? Setzen Sie auf Körner! Sie sind Nahrung für Leib und Seele. Und dies nicht erst, seit die großen Ernährungsgesellschaften in Deutschland, Europa und in den USA uns Vollkörniges empfehlen.

• Vollgetreide und Vollkornprodukte sind bedeutende Lieferanten von Kohlenhydraten und Eiweiß. Dafür ist der Fettgehalt niedrig, zwischen 2 % und 4 %, nur Hafer hat 7 %. Im Fett enthalten ist die wertvolle Linolsäure.

• Getreide verfügt auch über Vitamine, mit denen wir in Deutschland zum Teil nicht optimal versorgt sind, nämlich die der B-Gruppe und Folsäure.

• Getreide ist mineralstoffreich. Wichtig sind für uns vor allem Magnesium, Eisen und Kalium – sie befinden sich, wie auch die Vitamine, besonders in den Randschichten und im Keim.

Tips für die »Cuisine vitale«

Gewußt wie: So nutzen Sie das, was Körner zu bieten haben, am besten.

• Einen Teil des Getreides roh essen, also vorgequollen oder als Keimlinge im Salat oder Müsli. Dann kommen Ballaststoffe voll zur Geltung, und hitzeempfindliche Inhaltsstoffe bleiben erhalten: die Folsäure und die sekundären Pflanzeninhaltsstoffe – etwa Saponine im Hafer, Phytosterine in Weizen und Mais sowie Tocotrienole in Gerste, Hafer und Weizen, die alle unter anderem cholesterinspiegelsenkend wirken.

• Einen Teil des Getreides erhitzt essen, als Brot oder Getreidegericht. Die Ballaststoffe werden beim Erhitzen aufgeschlossen und die an sie gebundenen Mineralstoffe können optimal genutzt werden.

• Weniger ist mehr: Körner bringen den Verdauungsapparat in Schwung. Wichtig für Einsteiger: Das »Fitneß-Training« mit kleinen Portionen beginnen.

Körner für die schlanke Linie

Die Kohlenhydrate der Körner werden vom Körper langsam abgebaut und machen sie zu einer idealen Schlankheitskost. Sie sättigen angenehm und für lange Zeit. Daher eignen sie sich besonders für Frühstück und Zwischenmahlzeit: etwa süßes oder pikantes Müsli, großzügig geschnittene Brotscheiben, Körner-Tabouleh oder Körnersalate.

Energy-Drink – ein erfrischender Muntermacher zum Frühstück

Dieses Getränk ist einfach zuzubereiten und gibt auch einen tollen Fitneß-Drink für den kleinen Hunger zwischendurch ab.

Für 2 Personen 2 Eßlöffel Haferflocken in 100 ml Vollmilch aufkochen lassen und beiseite stellen. In einem schmalen Gefäß 100 g Joghurt, 1/2 geriebenen Apfel, 1 kleingeschnittene Aprikose oder 1/4 Mango vermischen. Je 1 Eßlöffel Akazienhonig, Zitronensaft und Leinöl sowie 1 Prise Bourbon-Vanille dazugeben. Die Hafermilch unterrühren und alles mit dem Pürierstab pürieren. Das Getränk nach Belieben 30 Minuten im Kühlschrank kalt stellen.

Die Temperaturstufen bei Gasherden

variieren von Hersteller zu Hersteller. Welche Stufe Ihres Herdes der jeweils angegebenen Temperatur entspricht, entnehmen Sie bitte der Gebrauchsanweisung.

Vital FOOD

Salate und Beilagengerichte

Ob in Europa oder den USA, leichte Couscous-, Bulgur- und Keimlings-Salate liegen überall im Trend. Für die Schnellen der Last-Minute-Küche hier wichtige Tips, Tricks und Infos.

Bulgur

Aus ihm lassen sich raffinierte schnelle Salate, Suppen, Pilavs und Eintöpfe zubereiten.

• Einkaufstip

Auch als Burghul oder Bulgar in arabischen Spezialitätenläden in mehreren Stärken, außerdem in Naturkost- und Reformhäusern zu haben.

• Tips für Grundzubereitungen

Für Salate Bulgur einfach mit heißem Wasser übergießen und zugedeckt 30 Minuten bis 1 Stunde quellen lassen. Kochen sollte er unter Rühren bei schwacher Hitze – er brennt rasch an.

Couscous

Der afrikanische Hartweizengrieß wird für feine schnelle Salate, Gemüsegerichte und Nachspeisen verwendet.

• Tips für Grundzubereitungen

Kochen: In die gleiche Menge kochendes Salzwasser rühren, zugedeckt bei schwacher Hitze etwa 5 Minuten garen, abseits vom Herd etwa 15 Minuten ausquellen lassen. Mit einer Gabel auflockern und mit zerlassener Butter mischen.

Dämpfen: In warmem Wasser etwa 10 Minuten quellen lassen, über kochendem Wasser im Dämpfeinsatz etwa 15 Minuten zugedeckt dämpfen.

• Gedämpfter Couscous auf traditionelle arabische Art

Wie oben beschrieben quellen lassen, dann mit den Fingern körnig machen. Im Dämpfeinsatz über dem Gericht, mit dem der Couscous serviert wird, etwa 30 Minuten offen dämpfen, mit der Gabel lockern, in einer Schüssel mit Salzwasser besprengen, mit Butterschmalz vermischt 30 Minuten im Dämpfeinsatz dämpfen und lockern.

Grünkern:

Er ist ideal zum Kochen. Zum Backen ist er weniger und gar nicht zum Keimen geeignet.

• Einkaufstip

Grünkern hat einen grünlichen Schimmer, wenn das Korn in der Milchreife zum richtigen Zeitpunkt geerntet wurde. Toll für die schnelle Küche ist Grünkernschrot (gibt es auch fertig zu kaufen).

• Tips für Grundzubereitungen

Grünkernschrot für Bulgur- und Couscousgerichte wie Bulgur und Couscous (Seite 8) verwenden.

Kochen: Schrot mit 2½facher Menge Wasser unter Rühren – damit nichts anbrennt – aufkochen, vom Herd ziehen und 15–20 Minuten quellen lassen.

Keimlinge – Vital-Food pur

Fast alle Getreidearten eignen sich zum Keimen, nur bei Reis und Hirse gelingt es selten, bei Grünkern gar nicht.

Getreidekeimlinge haben es in sich. Denn das geschieht beim Keimen: Vitamin- und Ballaststoffgehalt steigen, Mineralstoffe werden für uns besser verfügbar, die biologische Wertigkeit des Eiweißes (Seite 63) erhöht sich. Dafür sinken Kalorien- und Fettgehalt.

Körner & Co aus dem Mini-Garten

Keimlinge und Sprossen von Körnern und dazu passende Samen (ergeben jeweils 100 g)

Getreide/ Samen	Einweichen (in Std.)	Ernten (nach Tagen)
Nacktgerste (40 g)	6–12	2–3
Weizen (40 g)	12	2–3
Dinkel (40 g)	12	2–3
Roggen (40 g)	12	2–3
Nackthafer (40 g)	4	2–3
Buchweizen (40 g)	1–2	3–4
Sonnenblumenkerne (50 g)	4	1–3
Kürbiskerne (50 g)	4	1–3
Linsen (25 g)	6–12	3–4
Kichererbsen (50 g)	6–12	3–4
Mungobohnen (30 g) (grüne Sojabohnen)	6–12	3–5
Bockshornklee (30 g)	5	3
Radieschen (50 g)	4	4
Rettich (50 g)	4	4
Kresse (20 g)	4	5–6
Alfalfa (20 g)		4–5

Keimlinge schmecken in Mischungen besonders gut. Passende Samen sind in die Körnertabelle aufgenommen.

Tips fürs Keimen

• Keimfähige (also unbearbeitete) Körner und Samen kaufen.

• Keimgläser und -geräte gibt es im Reformhaus oder Naturkostgeschäft.

• Körner in der dreifachen Wassermenge einweichen.

• Körner abgießen, waschen und im Keimgerät verteilen. Keimglas zu einem Viertel mit Wasser füllen. Zum Abfließen das Glas, mit Gaze abgedeckt, kippen; beim Gerät Ablauf kontrollieren.

• Keimlinge zwei- bis dreimal pro Tag gründlich waschen, damit sich keine schädlichen Bakterien oder Schimmelpilze breit machen.

• Rettich zwischen den Körnern hilft gegen Schimmel. Weiße Wurzeln nicht mit Schimmel verwechseln!

• Keimlinge vor der Verwendung nochmals gründlich waschen. Je später Sie ernten, um so niedriger ist der Nitratgehalt. Je größer und grüner die Sprossen, um so weniger süß schmecken sie. Hafer, Bockshornklee und Kürbiskerne können dann sogar bitter schmecken.

• Keimlinge von Hülsenfrüchten – hier Linsen, Kichererbsen und Mungobohnen – vor der Verwendung 2–5 Minuten blanchieren.

Zutaten für je 4 Personen

Kürbissalat mit Gerstensprossen
1 Eßl. Weißweinessig
1 Eßl. Sojasauce
Meersalz · Pfeffer
2 Eßl. Sonnenblumenöl
100 g Kürbis
2 Frühlingszwiebeln
100 g Gerstensprossen
40 g Kürbiskernkeimlinge
1 Eßl. Kürbiskernöl
1 reife Tomate
1 Bund Brunnenkresse
1 Bund Schnittlauch

Zubereitungszeit:
etwa 20 Minuten

Buchweizen-Sprossen-Salat
2 Schalotten
2 Eßl. Cidreessig (oder Aceto Balsamico)
3 Eßl. Walnußöl
100 g Weißkohl
Meersalz · Pfeffer
1 Prise Kümmel
30 g Rosinen
100 g Knollensellerie
1 kleiner säuerlicher Apfel
100 g Linsensprossen
50 g Buchweizenkeimlinge
je 8 Radicchio- und Bataviablätter
30 g Alfalfasprossen
30 g Walnußkerne

Zubereitungszeit:
etwa 20 Minuten

Kürbissalat mit Gerstensprossen

Schnell • Im Bild

• Essig, Sojasauce, Salz und Pfeffer vermischen und mit Öl verrühren. Kürbis schälen, in etwa 1½ cm große Rauten schneiden, mit der Vinaigrette vermischen und etwa 5 Minuten ziehen lassen.

• Die Frühlingszwiebeln putzen, waschen und samt Grün kleinschneiden. Die Gerstensprossen und Kürbiskernkeimlinge waschen und abtropfen lassen. Zwiebeln, Sprossen und Keimlinge unter den Kürbis mischen und nochmals mit Salz, Pfeffer und Öl abschmecken.

• Die Tomate waschen und ohne Stielansatz in kleine Würfel schneiden. Brunnenkresse waschen und abtropfen lassen. Schnittlauch waschen und kleinschneiden. Brunnenkresse auf Teller verteilen, Sprossen-Kürbis-Salat obenauf geben und mit Tomate und Schnittlauch dekorieren.

Pro Portion etwa: 735 kJ/175 kcal

Buchweizen-Sprossen-Salat

Gelingt leicht • Raffiniert

• Schalotten schälen, kleinschneiden und mit Essig und Öl mischen. Weißkohl waschen, putzen und in etwa 2 cm große Rauten schneiden. In einer Schüssel mit Salz, Pfeffer und Kümmel würzen. Mit der Vinaigrette mischen.

• Rosinen, Sellerie und Apfel waschen, falls nötig, schälen. Sellerie fein raspeln. Apfel ohne Kerngehäuse in Würfel schneiden. Alles zum Kohl geben.

• ½ l Wasser aufkochen lassen. Linsensprossen waschen und etwa 2 Minuten blanchieren. Buchweizenkeimlinge heiß waschen. Alles abtropfen lassen und unter den Salat mischen. Salatblätter und Alfalfasprossen waschen und trockenschleudern. Walnüsse grob hacken. Sprossensalat mit Salatblättern, Alfalfa und Nüssen anrichten.

Pro Portion etwa: 670 kJ/160 kcal

Tip
Welche Sprossen Sie für den Salat verwenden, hängt von Ihren Vorlieben und Ihren Vorräten ab.

Bunter Salat mit Dinkelkeimlingen

Raffiniert • Schnell

• 1 l Salzwasser aufkochen lassen. Darin die Keimlinge etwa 2 Minuten blanchieren, in Eiswasser abschrecken und abtropfen lassen. In eine Schüssel füllen.

• Schalotten schälen und kleinschneiden. Essig, Salz, Pfeffer, Öl, Brühe und Schalotten verrühren. Unter die Keimlinge mischen. Das Gemüse waschen. Möhren schälen und in etwa $1/2$ cm dicke Würfel, Sellerie in etwa 1 cm große Rauten und Schafkäse in kleine Würfel schneiden. Alles mit den Keimlingen vermischen. Sauerampfer entstielen, waschen und in Streifen schneiden. Unter den Salat mischen und abschmecken.

• Die Beeren waschen. Den Salat damit dekorieren.

Pro Portion etwa: 1255 kJ/300 kcal

Menü

Als Hauptgang Borschtsch (mit Kartoffelwürfeln statt mit Gerste, Seite 39), als Dessert Süße Polenta (Seite 82).

Orientalischer Couscous-Salat

Schnell • Im Bild

• Die Brühe salzen und aufkochen lassen. Couscous unterrühren und zugedeckt bei schwacher Hitze etwa 5 Minuten garen. Vom Herd ziehen und in etwa 15 Minuten ausquellen lassen.

• Inzwischen die Korinthen in heißem Wasser quellen lassen. Salz im Essig auflösen und mit Pfeffer und Öl vermischen. Koriandergrün waschen, trockenschleudern, kleinschneiden und mit Kreuzkümmel unterrühren.

• Gemüse und Obst waschen und putzen. Sellerie in kleine Rauten, Zucchini in kleine Würfel schneiden. Beides mit der Sauce mischen. Datteln entkernen und sechsteln. Korinthen abtropfen lassen. Nüsse vierteln. Orangen schälen, dabei das Fruchtfleisch anschneiden, halbieren und in Stücke schneiden. Alles zum Salat geben. Couscous körnig auflockern und untermischen. Mit Minze garnieren.

Pro Portion etwa: 1192 kJ/285 kcal

Zutaten für je 4 Personen

Bunter Salat

Meersalz
100 g Dinkelkeimlinge
2 Schalotten
4 Eßl. Cidreessig (oder Aceto Balsamico)
Pfeffer
4 Eßl. Sonnenblumenöl
50 ml Gemüsebrühe
250 g Möhren
200 g Staudensellerie
150 g Schafkäse
60 g Sauerampfer
60 g Johannisbeeren

Zubereitungszeit: etwa 25 Minuten

Couscous-Salat

100 ml Gemüsebrühe
Meersalz · 100 g Couscous
30 g Korinthen
4 Eßl. Safranessig (oder Aceto Balsamico)
Pfeffer
2 Eßl. Walnußöl, kaltgepreßt
1 Bund Koriandergrün
1 Teel. Kreuzkümmel
100 g Staudensellerie
100 g Zucchini
4 Datteln
100 g Pecannüsse
2 Orangen
Minzeblättchen

Zubereitungszeit: etwa 25 Minuten

Zutaten für 4 Personen

100 g weiche getrocknete Aprikosen
150 g Möhren
150 g Pastinaken (oder Knollensellerie)
150 g rote Zwiebeln
150 g Zuckerschoten
60 g Pinienkerne
3 Eßl. Olivenöl, kaltgepreßt
100 g Bulgur
200 ml Gemüsebrühe
Meersalz
Pfeffer
100 g Haselnüsse
2 Limonen (oder 1 Zitrone)
1 Bund Schnittlauch
Zitronenmelisse-Blättchen nach Belieben
50 g Rucola

Zubereitungszeit:
etwa 40 Minuten

Bulgur-Nuß-Salat mit Aprikosen

Exklusiv • Für Gäste

• Die Aprikosen in rosinengroße Würfel schneiden. Die Gemüse waschen. Die Möhren und Pastinaken schälen. Die Möhren in etwa 1 cm, die Pastinaken in etwa 1/2 cm große Würfel schneiden. Die Zwiebeln schälen und kleinschneiden. Die Zuckerschoten putzen und schräg halbieren.

• Eine Pfanne bei mittlerer Hitze heiß werden lassen und darin die Pinienkerne trocken rösten, bis sie goldgelb werden und zu duften beginnen.

• In einer großen Pfanne (oder einem Wok) 2 Eßlöffel Olivenöl bei schwacher Hitze heiß werden lassen und darin den Bulgur unter Rühren etwa 5 Minuten anrösten. Mit Gemüsebrühe ablöschen, aufkochen lassen und die Aprikosen unterrühren. Mit Salz und Pfeffer abschmecken. Den Bulgur etwa 5 Minuten garen und in eine Salatschüssel füllen.

• Die Pfanne auswischen. 1 Eßlöffel Olivenöl bei mittlerer Hitze heiß werden lassen und darin die Möhren, Pastinaken, Schoten und Zwiebeln etwa 5 Minuten unter Rühren glasig braten.

• Das Gemüse mit dem Bulgur vermischen. Die Haselnüsse grob hacken und untermengen. Die Limonen auspressen und unterrühren. Den Schnittlauch waschen und in Röllchen schneiden. Zusammen mit Zitronenmelisse unter den Salat mischen.

• Vor dem Anrichten den Rucola putzen, waschen, trockenschleudern und in den Salat schneiden. Den Salat auf die Teller verteilen und mit den Pinienkernen bestreuen.

Pro Portion etwa: 1735 kJ/415 kcal

Variante:
Grünkern-Nuß-Salat
Statt Bulgur Grünkern verwenden. Den Grünkern in 200 ml Wasser 12 Stunden einweichen und etwa 40 Minuten garen. In einer Pfanne in 1 Eßlöffel Butterschmalz etwa 2 Minuten rösten und über den Salat geben. Statt Schnittlauch 60 g gehobelten Parmesan verwenden.

Gemüsesalat mit süßem Reis

Läßt sich gut vorbereiten • Im Bild

• Den Reis in 1/4 l Salzwasser aufkochen lassen und bei schwacher Hitze zugedeckt etwa 20 Minuten garen; dann abgießen und zur Seite stellen.

• Gleichzeitig 3/4 l Salzwasser aufkochen lassen. Die dicken Bohnen darin zugedeckt bei schwacher Hitze etwa 10 Minuten garen. In Eiswasser abschrecken und in eine Schüssel füllen. Eine Pfanne erhitzen und darin die Nüsse goldgelb rösten.

• Essig mit Salz, Pfeffer und dann mit Öl verrühren. Basilikum und Rucola waschen, trockenschleudern, Schalotten schälen, alles kleinschneiden und untermischen. Mit dem Reis unter die Bohnen mengen. Das Gemüse waschen, gegebenenfalls schälen. Kohlrabi und Möhren in dünne Stifte schneiden und untermischen. Die Tomate ohne Stielansatz würfeln und mit den Nüssen obenauf geben.

Pro Portion etwa: 1410 kJ/340 kcal

Kräuter-Tabouleh

Raffiniert • Arabische Spezialität

• Die Brühe aufkochen lassen. Bulgur einrühren, etwa 2 Minuten unter Rühren kochen, vom Herd ziehen und etwa 30 Minuten zugedeckt quellen lassen.

• Eine Pfanne erhitzen und darin die Pinienkerne goldgelb rösten. Zitronensaft in einer Schüssel mit Salz, Pfeffer und Öl verrühren. Knoblauch schälen, hacken und untermischen.

• Die Gemüse waschen und putzen. Sellerie in etwa 1 cm lange Stücke schneiden. Fenchel in kleine Würfel schneiden. Paprika würfeln. Tomaten vierteln. Gurke längs halbieren und in Scheiben schneiden. Alles gleich mit der Sauce mischen. Kräuter waschen, trockenschleudern, kleinschneiden und unter den Salat geben. Bulgur untermengen und abschmecken, mit Pinienkernen anrichten.

Pro Portion etwa: 1710 kJ/410 kcal

Zutaten für je 4 Personen

Gemüsesalat
Meersalz
100 g süßer Reis (Mochi-Reis, Seite 47)
100 g enthülste dicke Bohnen
100 g Cashewnüsse
4 Eßl. milder Apfelessig
Pfeffer
3 Eßl. Olivenöl, kaltgepreßt
1 Bund Basilikum
50 g Rucola
2 Schalotten
100 g Kohlrabi
100 g Möhren
1 Tomate

Zubereitungszeit: etwa 30 Minuten

Kräuter-Tabouleh
450 ml Gemüsebrühe
300 g Bulgur
40 g Pinienkerne
6 Eßl. Zitronensaft
Meersalz
Pfeffer
3 Eßl. Olivenöl, kaltgepreßt
1 Knoblauchzehe
100 g Staudensellerie
50 g Fenchel
100 g rote Paprikaschote
100 g Kirschtomaten
100 g Salatgurke
2 Bund gemischte Kräuter

Zubereitungszeit: etwa 40 Minuten

Zutaten für je 4 Personen

Amerikanischer Salat
40 g Nacktgerste
3 Eßl. Cidreessig (oder ein anderer milder Apfelessig)
1 Eßl. Limonensaft
Meersalz · Pfeffer
2 Eßl. Walnußöl, kaltgepreßt
1 Teel. kleine Minzeblätter
1 Eßl. Schnittlauchröllchen
2 rosa Grapefruits
100 g junger Spinat
1 Kopfsalat · 2 Avocados
100 g Shiitakepilze
1 Eßl. Sonnenblumenöl

Zubereitungszeit:
etwa 30 Minuten
(+ 6–15 Stunden Quellzeit)

Hirsesalat
30 g Kichererbsen
4 Eßl. Cidreessig
Meersalz · Pfeffer
4 Eßl. Erdnußöl
100 g Weißkohl
60 g roter Naturreis (Camargue)
30 g Hirse
2 Frühlingszwiebeln
2 reife feste Tomaten
1 rote Paprikaschote
1 Bund glatte Petersilie

Zubereitungszeit:
etwa 1 1/4 Stunden
(+ 1 Stunde Quellzeit)

Amerikanischer Salat mit Gerste

Raffiniert • Gelingt leicht

• Die Gerste in 1/4 l kaltem Wasser 6–15 Stunden quellen lassen.

• Essig, Limonensaft, Salz, Pfeffer, Walnußöl, Minze und Schnittlauch in einer Schüssel vermischen.

• Grapefruits schälen und dabei das Fruchtfleisch anschneiden. Quer halbieren, in Spalten schneiden und in die Vinaigrette geben. Spinat entstielen und wie den Salat in Stücke zupfen. Beides waschen und trockenschleudern. Avocados schälen, Steine auslösen und das Fruchtfleisch würfeln. Mit Salat und Spinat in die Sauce mischen.

• Die Pilze mit einem Tuch abwischen und ohne Stiele sechsteln. Gerste waschen, abtropfen lassen. Sonnenblumenöl in einer Pfanne erhitzen. Gerste darin bei mittlerer Hitze etwa 2 Minuten unter Rühren rösten. Pilze darin in etwa 2 Minuten goldgelb braten. Vom Herd ziehen. Salat auf Teller verteilen und mit Pilzen und Gerste garnieren.

Pro Portion etwa: 1130 kJ/270 kcal

Hirsesalat mit rotem Reis

Preiswert • Im Bild

• Die Kichererbsen in 700 ml Wasser etwa 2 Minuten kochen, vom Herd ziehen und 1 Stunde quellen lassen.

• Essig, Salz, Pfeffer und Öl vermischen. Den Kohl waschen und die Blätter ohne Strunk in etwa 1 cm große Rauten schneiden. Mit der Marinade vermischen und ziehen lassen.

• Währenddessen die Kichererbsen aufkochen lassen und salzen. Den Reis einrühren und alles zugedeckt bei schwacher Hitze etwa 10 Minuten garen. Die Hirse heiß waschen und etwa 30 Minuten mitgaren. Abkühlen lassen.

• Die Gemüse und Petersilie waschen. Zwiebeln putzen und samt Grün kleinschneiden. Tomaten ohne Stielansätze achteln. Paprika halbieren, putzen und würfeln. Petersilienblättchen kleinschneiden. Die Körner-Mischung abtropfen lassen und mit Paprika, Petersilie und Zwiebeln unter den Kohl mischen. Mit den Tomaten garnieren.

Pro Portion etwa: 860 kJ/205 kcal

Zutaten für 4 Personen

Meersalz
3 Eßl. Sonnenblumenöl, kaltgepreßt
150 g Buchweizennudeln (siehe Tip)
1 Eßl. Reisessig (oder Sherry)
2 Eßl. Sherryessig (oder Rotweinessig)
1 Eßl. Sojasauce
Pfeffer
1 Eßl. Sesamöl
1 Eßl. Ingwer, frisch gerieben
1 Teel. Koriandergrün, frisch geschnitten (ersatzweise glatte Petersilie)
150 g Möhren
150 g Zucchini
50 g Lauch
2 Frühlingszwiebeln
1 Knoblauchzehe
50 g Buchweizen
2 Eßl. Sesamsamen

Zubereitungszeit: etwa 30 Minuten

Buchweizennudelsalat

Raffiniert • Gelingt leicht

• 2 l Salzwasser mit 1 Eßlöffel Sonnenblumenöl aufkochen lassen und die Nudeln darin 3–4 Minuten kochen. Dann abgießen, kalt überbrausen und abtropfen lassen.

• Essig, Sojasauce, Salz und Pfeffer in einer Salatschüssel vermischen und mit Sesamöl und 1 Eßlöffel Sonnenblumenöl verrühren. Mit Ingwer und Koriandergrün würzen.

• Die Gemüse waschen und putzen. Möhren schälen und mit den Zucchini in streichholzdicke Stifte schneiden. Lauch längs aufschlitzen und in dünne Streifen, Zwiebeln in dünne Ringe schneiden. Knoblauch schälen und kleinschneiden. Alles mit den Nudeln in der Sauce mischen.

• Buchweizen heiß waschen und abtropfen lassen. Restliches Sonnenblumenöl in einer Pfanne bei mittlerer Hitze heiß werden lassen (es darf nicht rauchen!). Sesamsamen darin etwa 1 Minute rösten. Buchweizen unter Rühren etwa 2 Minuten mitrösten. Dann beides über den Salat streuen.

Pro Portion etwa: 1225 kJ/295 kcal

Tip

Buchweizennudeln erhalten Sie in Spaghettiform im asiatischen Spezialgeschäft. Sie können sie aber auch selbst herstellen:
Für 400 g Nudeln 150 g Buchweizen und 150 g Dinkel mehlfein mahlen und mit 2 Eiern, 1 Teelöffel Meersalz und 1 Prise Muskatnuß sowie 2 Teelöffeln Olivenöl zu einem geschmeidigen Teig verkneten. Zugedeckt etwa 30 Minuten ruhen lassen. Dann mit der Nudelmaschine Bandnudeln herstellen.

Menü

Für ein festliches mehrgängiges Menü als zweiten Gang Reissuppe (Seite 32) reichen, als dritten Gang chinesisches Gemüse aus dem Wok, zum Abschluß Litchi-Orangen-Salat. Als Getränk paßt ein halbtrockener Riesling oder grüner Tee.

Buchweizenpuffer mit Auberginen

Im Bild • Läßt sich gut vorbereiten

• Backofen auf 170° vorheizen. Auberginen mehrmals einritzen und im Backofen (Mitte, Umluft 150°) etwa 20 Minuten backen.

• Gleichzeitig Weizen, Buchweizen, Milch und Eier verrühren. Gemüse waschen und putzen. Möhre raspeln. Lauch in Streifen, Sellerie in dünne Stifte schneiden. Schalotten schälen und hacken. Petersilie waschen, trockenschleudern und kleinschneiden. Alles mit Thymian, Muskat, Salz und Pfeffer unter den Teig mischen.

• Basilikum waschen, Blättchen in Streifen schneiden. Auberginen schälen, klein würfeln und mit Salz, Pfeffer und je der Hälfte Basilikum und Öl mischen.

• In einer großen Pfanne bei mittlerer Hitze in zwei Portionen je 1 Eßlöffel Öl erhitzen und darin je 6 Puffer pro Seite in 3–4 Minuten goldgelb backen. Mit dem restlichen Basilikum und den Auberginen auf die Teller verteilen.

Pro Portion etwa: 1970 kJ/470 kcal

Dinkelbratlinge mit Mandeln

Preiswert • Für Gäste

• 70 g Dinkel und den Grünkern fein schroten, restlichen Dinkel mehlfein mahlen. Brühe aufkochen lassen, Schrot und Mehl darin bei schwacher Hitze unter Rühren etwa 5 Minuten garen. Vom Herd ziehen und zugedeckt etwa 20 Minuten quellen lassen.

• Inzwischen die Zwiebel schälen. Petersilie und Basilikum waschen und die Blättchen kleinschneiden. Pilze waschen, putzen und fein würfeln.

• Eine Pfanne erhitzen und darin die Mandeln goldgelb rösten; beiseite stellen. In der Pfanne 1 Eßlöffel Öl erhitzen. Zwiebel darin etwa 2 Minuten bei mittlerer Hitze glasig braten. Pilze unterrühren, etwa 3 Minuten dünsten und abkühlen lassen. Mit Mandeln, Petersilie, Basilikum, Salz, Pfeffer und Käse unter den Teig mischen. 16 Bratlinge in zwei Portionen backen: Je 1 Eßlöffel Öl bei mittlerer Hitze heiß werden lassen und darin die Bratlinge 2–3 Minuten pro Seite backen.

Pro Portion etwa: 2045 kJ/480 kcal

Zutaten für je 4 Personen

Buchweizenpuffer

2 Auberginen (je 220 g)
100 g Weizen-Vollkornmehl
200 g feiner Buchweizenschrot
150 ml Vollmilch
3 Eier
je 50 g Möhre, Lauch und Knollensellerie
2 Schalotten
1 Bund glatte Petersilie
1/2 Teel. Thymianblättchen
1 Prise Muskatblüte
Meersalz · Pfeffer
1 Bund Basilikum
4 Eßl. Olivenöl, kaltgepreßt

Zubereitungszeit: etwa 50 Minuten

Dinkelbratlinge

100 g Dinkel
75 g Grünkern
3/4 l Gemüsebrühe
1 rote Zwiebel
1 Bund glatte Petersilie
1 Bund Basilikum
100 g Champignons
75 g gehackte Mandeln
3 Eßl. Olivenöl, kaltgepreßt
Meersalz · Pfeffer
60 g Parmesan, frisch gerieben

Zubereitungszeit: etwa 45 Minuten

Zutaten für 4 Personen

Für die Medaillons:
150 g Grünkern
1 Knoblauchzehe
2 Schalotten
450 ml Gemüsebrühe
2 Prisen Currypulver
1/4 Teel. Thymianblättchen
Meersalz · Pfeffer
Muskatnuß, frisch gerieben
1 Bund Petersilie · 1 Ei
1 Eßl. Parmesan, frisch gerieben
2 Eßl. Olivenöl, kaltgepreßt

Für die Kräutercreme:
1 Bund Schnittlauch
1 Stiel Basilikum
1 Stiel Kerbel
1 unbehandelte Limone
2 Eßl. Joghurt
3 Eßl. Crème fraîche
Meersalz · Pfeffer

Für die Gemüsekonfetti:
3 Eßl. Gemüsebrühe
1 Teel. milder Senf
2 Eßl. Weißweinessig
2 Eßl. Sonnenblumenöl
Meersalz · Pfeffer
1 Möhre
100 g Knollensellerie
1 kleiner Zucchino
1/2 rote Paprikaschote

Zubereitungszeit:
etwa 45 Minuten

Grünkern-Medaillons mit Kräuter-Crème-fraîche

Raffiniert • Für Gäste

• Für die Medaillons Grünkern fein schroten. Knoblauch und Schalotten schälen und kleinschneiden. Gemüsebrühe aufkochen lassen. Schalotten, Knoblauch und Schrot einrühren und mit Curry, Thymian, Salz, Pfeffer und Muskat würzen. Alles unter Rühren etwa 5 Minuten kochen, vom Herd ziehen und zugedeckt etwa 15 Minuten quellen lassen.

• Inzwischen für die Kräuter-Crème-fraîche die Kräuter waschen, trockenschleudern und kleinschneiden. Die Limone heiß waschen, abtrocknen und mit dem Zestenreißer Zesten reißen. Kräuter und Zesten mit Joghurt und Crème fraîche verrühren, mit Salz und Pfeffer abschmecken und kalt stellen.

• Für die Gemüsekonfetti Gemüsebrühe mit Senf, Essig, Öl, Salz und Pfeffer in einer Salatschüssel vermischen. Die Gemüse waschen, schälen oder putzen. Möhre, Sellerie und Zucchino in kleine Würfel schneiden. Paprika in kleine Rauten schneiden. Alles in der Sauce marinieren lassen.

• Für die Medaillons Petersilie waschen und die Blättchen kleinschneiden. Abgekühlte Grünkernmasse mit Ei, Parmesan und Petersilie vermischen. 16 kleine runde Medaillons formen.

• Die Medaillons in zwei Portionen braten. Dafür in einer großen schweren Pfanne je 1 Eßlöffel Öl erhitzen und die Medaillons darin pro Seite etwa 3 Minuten zunächst bei mittlerer, dann bei schwacher Hitze braten. Die Medaillons mit Gemüsekonfetti und Kräuter-Crème-fraîche anrichten.

Pro Portion etwa: 1535 kJ/365 kcal

Variante:
Bulgur-Medaillons mit Senf-Joghurt
Statt Kräuter-Crème-fraîche Senf-Joghurt mit 100 g Joghurt und 2 Eßlöffeln grobkörnigem Senf anrühren. Für die Medaillons statt Grünkern Bulgur und statt Petersilie 50 g Rucola verwenden.

Zutaten für je 4 Personen

Haferplinsen
100 g Weizen · 3 Eier
100 g Haferflocken
300 ml Vollmilch
100 g Keimlinge (Sonnenblumenkerne, Alfalfa, Hafer)
Muskatnuß, frisch gerieben
Meersalz · Pfeffer
2 Frühlingszwiebeln
2 Tomaten
400 g kleine Champignons
3 Eßl. Olivenöl, kaltgepreßt
2 Eßl. glatte Petersilie, frisch geschnitten

Zubereitungszeit: etwa 45 Minuten

Quinoa-Plätzchen
Meersalz · 180 g Quinoa
50 g Dinkel
5 g Hefe (1/8 Würfel)
100 ml lauwarme Milch
1 Teel. Honig
4 Eßl. Olivenöl · 3 Eier
30 g Keimlinge (am besten Radieschen)
Pfeffer · Muskatblüte
1 rote Zwiebel · 5 Tomaten
1 kleiner Zweig Rosmarin
1 gelbe Paprikaschote
1 kleine Aubergine
125 g schwarze gehackte Natur-Oliven

Zubereitungszeit: etwa 45 Minuten

Haferplinsen mit Keimlingen

Preiswert • Raffiniert

• Weizen mehlfein mahlen. Eier trennen. Mehl, Eigelbe, Flocken und Milch verrühren und etwa 20 Minuten quellen lassen. Keimlinge waschen, abtrocknen und unter den Teig mischen. Mit Muskat, Salz und Pfeffer würzen. Eiweiße zu Schnee schlagen, unter den Teig heben.

• Zwiebeln waschen, putzen und samt Grün in Ringe schneiden. Tomaten waschen und ohne Stielansätze würfeln. Pilze waschen, putzen und vierteln.

• Plinsen in zwei Portionen backen. In einer schweren Pfanne je 1 Eßlöffel Öl bei mittlerer Hitze heiß werden lassen. Mit einem Eßlöffel je sechs Plinsen hineingeben und pro Seite 2–3 Minuten backen. Zugleich in einer anderen Pfanne 1 Eßlöffel Öl erhitzen und darin bei mittlerer Hitze die Pilze etwa 3 Minuten dünsten, Zwiebeln etwa 2 Minuten mitdünsten. Tomaten und Petersilie unterrühren, salzen und pfeffern. Plinsen mit Pilzen servieren.

Pro Portion etwa: 1580 kJ/380 kcal

Quinoa-Plätzchen mit Gemüse-Salsa

Im Bild • Für Gäste

• 220 ml Salzwasser aufkochen lassen und darin 80 g Quinoa bei schwacher Hitze etwa 15 Minuten garen und etwa 10 Minuten quellen lassen.

• Inzwischen restliches Quinoa fein schroten. Dinkel mehlfein mahlen. Hefe mit Schrot, Mehl, Milch und Honig verrühren. Nach 10 Minuten 1 Eßlöffel Öl, Eier, Keimlinge, Salz, Pfeffer und Muskatblüte unterrühren.

• Zwiebel schälen und würfeln. Tomaten waschen und ohne Stielansätze würfeln. In einem Topf 1 Eßlöffel Öl erhitzen. Zwiebel, Tomaten, Rosmarin, Salz und Pfeffer dazugeben, bei schwacher Hitze etwa 10 Minuten garen. Paprika und Aubergine waschen, putzen und fein würfeln. In der Salsa mit den Oliven etwa 5 Minuten garen.

• Das gegarte Quinoa unter den Teig mischen. In zwei Pfannen je 1 Eßlöffel Öl bei mittlerer Hitze erhitzen. Je acht Plätzchen pro Seite 3–4 Minuten backen. Mit der Salsa servieren.

Pro Portion etwa: 1825 kJ/435 kcal

Mit Biß!

Für den kleinen Hunger

Körner machen mehr draus: Sie geben Suppen und kleinen Gerichten nahrhafte Fülle. Alle Gerichte dieses Kapitels können als Teil eines Menüs oder mit einer Rohkost als Lunch und Abendessen serviert werden.

Hafer

Das Kraftpaket Nr. 1 unter den Getreidearten: Er hat biologisch höherwertiges Eiweiß als Weizen, einen höheren Fettgehalt mit viel ungesättigten Fettsäuren und wirkt positiv auf den Cholesterinspiegel. Er ist reich an Mineralstoffen, 60 g decken 22 % des Tagesbedarfs an Magnesium und Vitamin B_1. Nur Klebereiweiß zum Backen fehlt ihm.

• Info

Haferkörner sind besonders weich, Einweichen erübrigt sich. Frisch gequetschte Flocken – toll fürs Power-Frühstück – und Schrot werden an der Luft manchmal schon nach 20 Minuten bitter, deshalb also sofort verarbeiten.

• Rezeptvarianten

Probieren Sie folgende Rezepte dieses Kapitels statt mit Gerste, Reis oder Roggen mit Hafer aus: Kürbissuppe, Wintersuppe, Buchweizen-Ricotta-Klößchen, Kasha und Gerstenklößchen.

Hirse

Sie bringt Schönheit von innen. Durch seinen hohen Gehalt an Eisen (60 g Hirse liefert 30 % unseres Tagesbedarfs), Fluor und Kieselsäure ist Hirse gut für gesunde Zähne, Haut und kräftiges Haar. Hirse ist glutenfrei (wichtig für Allergiker!), also allein nicht zum Backen geeignet.

• Info

Hirse vor Verwendung heiß waschen. Sie kommt geschält in den Handel, so daß der Keimling oft verletzt wird, Öl tritt aus, wird ranzig und bitter. Das läßt sich aber gut abwaschen.

• Tip zur Zubereitung

Hirse braucht nicht eingeweicht zu werden und paßt gut zu anderen Körnern, etwa zu Gerste, Hafer, Reis, Roggen oder Grünkern.

• Rezeptvarianten

Probieren Sie folgende Rezepte dieses Kapitels mit Hirse statt mit Reis oder Buchweizen: Kürbissuppe, Buchweizenklößchen. Gut schmeckt auch – in afrikanischen Ländern beliebt – gedämpfte Hirse statt Couscous: Dafür rohe Hirse von Wasser bedeckt etwa 1 Stunde quellen lassen. Dann wie Couscous dämpfen.

Gerste

Eine Handvoll geröstete Gerste ins Süppchen – genau das Richtige nach einem stressigen Tag: Gerste beruhigt den Magen. Warum eines der ältesten Getreide vom Weizen verdrängt worden ist? Gerste fehlt das zum Backen wichtige Klebereiweiß, ist also ein Korn zum Kochen. Besonders gut schmeckt sie geröstet und gedämpft.

• Rezeptvarianten

Probieren Sie folgende Rezepte statt mit Hafer, Reis und Roggen mit Gerste aus: Lauchsuppe, Kürbissuppe, Wintersuppe und Buchweizenklößchen.

Mais

Ein Fitmacher, voll im Trend – kein In-Restaurant, in dem nicht raffiniert gegarte Polenta serviert wird. Polentagrieß wird aus Körnermais hergestellt, aus Puffmais macht man Popcorn, und Zuckermais dient als Gemüse. Mais ist reich an Carotin, das unser Immunsystem stützt und aus dem wir im Körper Vitamin A bilden (200 g Zuckermais liefern 24 % des Tagesbedarfs). Mais ist glutenfrei.

• Einkaufstip

Zuckermais wird unreif geerntet. Bei Kolben mit Blatthülle zugreifen, im Blattmantel grillen!

• Tip fürs Garen der Kolben

Je erntefrischer und weicher die Körner (beim Kauf die Spitze prüfen) sind, um so kürzer ist die Garzeit. Frische Maiskolben in kaltem Wasser aufsetzen und aufkochen lassen. Mit Salz, Pfeffer und Butter servieren.

Roggen

Er gibt Gerichten einen rustikalen Touch. Sein Eiweiß ist höherwertig als beim Weizen, doch hat er weniger Klebereiweiß. Das Brotbacken dauert länger, man braucht zusätzlich Sauerteig.

• Rezeptvarianten

Probieren Sie folgende Rezepte dieses Kapitels statt mit Reis, Buchweizen und Gerste mit Roggen: Kürbissuppe und Wintersuppe, Buchweizenklößchen und Gerstenklößchen.

Kochtips für die Getreideküche (Schrot und ganze Körner)

• Genaue Zeitangaben finden Sie in der vorderen Umschlagklappe.

• Schrot nicht einweichen, nicht stehenlassen, er bleibt inhalts- und aromareicher.

• Auch die »Kurzgarer« Hirse, Buchweizen und Quinoa werden nicht eingeweicht. Buchweizen und Hirse zuvor heiß waschen.

• Amaranth, Hafer, Grünkern und Reis (mit mittlerer Gardauer) brauchen nicht eingeweicht zu werden, doch verkürzt es die Garzeit.

• Die »Langzeitgarer« Weizen, Dinkel, Kamut, Roggen und Gerste müssen wegen ihrer harten Schale eingeweicht werden. Das Einweichwasser zum Garen mit verwenden.

• Rösten bringt ein herzhaftes Aroma. Schrot, Grieß und Körner (bei »Langzeitgarern« gequollen) 5–10 Minuten bei mittlerer Hitze unter Rühren trocken oder mit Öl rösten.

• Salzen Sie Körner mit mittlerer und langer Garzeit erst gegen Garende, was die Garzeit verkürzt.

Zutaten für je 4 Personen

Lauchsuppe
100 g Hafer
25 g Dinkel
1 Ei · 1 Eigelb
175 ml Vollmilch
Meersalz · Pfeffer
1 Teel. Thymianblättchen
3 Schalotten
300 g Lauch
1 Apfel (etwa 150 g)
100 g Kartoffeln
3 Eßl. Olivenöl, kaltgepreßt
1 Eßl. Currypulver
300 ml Gemüsebrühe
1 Teel. Ingwer, frisch gerieben
100 g Sahne

Zubereitungszeit: etwa 30 Minuten

Reissuppe
2 rote Zwiebeln
160 g Zuckerschoten
2 Eßl. Sonnenblumenöl
100 g Vollkorn-Duftreis
800 ml Gemüsebrühe
Meersalz · Pfeffer
1 Teel. Sesamöl
1 Eßl. Ingwer, frisch gerieben
4 Eßl. Sojasauce
1/2 Blatt Nori-Algen (siehe Tips)

Zubereitungszeit: etwa 30 Minuten

Lauchsuppe mit Haferplätzchen

Preiswert • Spezialität aus Indien

• Hafer und Dinkel mehlfein mahlen und mit Ei, Eigelb, Milch, Salz, Pfeffer und Thymian verrühren.

• Schalotten schälen und kleinschneiden. Gemüse und Obst waschen. Lauch putzen und in Ringe schneiden. Apfel und Kartoffeln schälen und würfeln.

• In einem Topf 2 Eßlöffel Öl bei mittlerer Hitze heiß werden lassen und darin Schalotten und Apfel mit Curry vermischen. Etwa 3 Minuten unter Rühren dünsten. Kartoffeln und Lauch etwa 5 Minuten mitdünsten. Mit Brühe aufkochen lassen, mit Ingwer, Salz und Pfeffer würzen und zugedeckt bei schwacher Hitze etwa 25 Minuten garen. Pürieren, Sahne einrühren, aufkochen lassen und vom Herd ziehen.

• Gleichzeitig in einer großen schweren Pfanne 1 Eßlöffel Öl bei mittlerer Hitze erhitzen. Acht Teigplätzchen bei schwacher Hitze pro Seite 3–4 Minuten backen. Zur Suppe servieren.

Pro Portion etwa: 1465 kJ/350 kcal

Reissuppe mit Zuckerschoten

Im Bild • Spezialität aus Japan

• Zwiebeln schälen und würfeln. Zuckerschoten waschen, putzen und schräg halbieren.

• Sonnenblumenöl in einem Topf bei mittlerer Hitze erhitzen, aber nicht rauchen lassen. Reis und Zwiebeln darin etwa 2 Minuten leicht anbraten.

• Mit Gemüsebrühe aufgießen, Zuckerschoten hinzufügen und salzen. Die Suppe aufkochen lassen und zugedeckt bei schwacher Hitze etwa 20 Minuten garen. Mit Pfeffer, Sesamöl, Salz, Ingwer und Sojasauce würzen und mit in Streifen geschnittenen Nori-Algen garnieren.

Pro Portion etwa: 1370 kJ/330 kcal

Tips

Nori-Algen und Zitronengras erhalten Sie im Asienladen.
Sie können die Suppe geschmacklich verändern, indem Sie 1/2 Stengel Zitronengras, in Ringe geschnitten, zusammen mit den Zuckerschoten hinzufügen oder mit Limonensaft abschmecken.

Kürbissuppe mit Reisklößchen

Raffiniert • Im Bild

• 1/4 l Salzwasser aufkochen lassen. Den Reis darin in etwa 40 Minuten garen, abtropfen und abkühlen lassen.

• Tofu pürieren und mit Ei, Eigelb, Semmelbröseln, Petersilie, Salz, Pfeffer und Reis verkneten. Kühl stellen.

• Die Schalotten schälen und kleinschneiden. Kürbis waschen, schälen und kleinschneiden. In einem Topf Öl bei mittlerer Hitze heiß werden lassen und Schalotten und Kürbis darin etwa 3 Minuten dünsten. Mit Brühe aufkochen lassen und etwa 10 Minuten garen. Mit dem Pürierstab pürieren. Spinat waschen, trocknen, in Streifen schneiden und hineingeben. Die Suppe salzen, pfeffern und vom Herd ziehen.

• Während die Suppe gart, in einem Topf 1/2 l Salzwasser aufkochen lassen. Mit zwei Eßlöffeln aus dem Reisteig Klößchen formen und im Wasser etwa 10 Minuten ziehen lassen und in die Suppe geben. Mit Kerbel garnieren.

Pro Portion etwa: 1165 kJ/280 kcal

Wintersuppe mit Roggen

Preiswert • Gelingt leicht

• Den Roggen in 150 ml Wasser im Kühlschrank 10 Stunden quellen lassen.

• Den Roggen abtropfen lassen. 1/2 l Salzwasser zum Kochen bringen. Die Gemüse waschen. Steckrübe schälen, würfeln, etwa 2 Minuten im Salzwasser blanchieren und abgießen. Wirsing ohne Strunk und den Lauch in dünne Streifen schneiden. Sellerie, Möhre und Kartoffel schälen und raspeln. Mangold in Streifen schneiden.

• Eine Pfanne bei mittlerer Hitze heiß werden lassen und darin den Roggen unter Schütteln etwa 3 Minuten rösten.

• In einem Topf Butterschmalz erhitzen und darin das Gemüse mit dem Roggen etwa 5 Minuten dünsten. Mit Brühe aufkochen lassen, mit Salz und Pfeffer abschmecken. Lorbeerblätter und Nelken dazugeben und alles etwa 15 Minuten garen. Die Pilze waschen, putzen und in feine Streifen schneiden. Die Suppe damit garnieren.

Pro Portion etwa: 1235 kJ/295 kcal

Zutaten für je 4 Personen

Kürbissuppe
Meersalz
50 g roter Naturreis (Camargue)
200 g Tofu
1 Ei · 1 Eigelb
2 Eßl. Semmelbrösel
1 Eßl. glatte Petersilie, frisch geschnitten
Pfeffer · 3 Schalotten
400 g Kürbis
2 Eßl. Sonnenblumenöl
1/2 l Gemüsebrühe
30 g Spinat (oder Basilikum)
1 Eßl. Kerbelblättchen

Zubereitungszeit: etwa 1 1/4 Stunden

Wintersuppe mit Roggen
50 g Roggen · Meersalz
1 Steckrübe (etwa 100 g)
100 g Wirsing
1 dünne Stange Lauch
100 g Knollensellerie
1 Möhre
1 große Kartoffel
30 g Mangold (oder Spinat)
1 Eßl. Butterschmalz
1 l Gemüsebrühe · Pfeffer
2 Lorbeerblätter
2 Gewürznelken
2 Champignons

Zubereitungszeit: etwa 45 Minuten (+ 10 Stunden Quellzeit)

Zutaten für 4 Personen

Für die Klößchen:
200 g Buchweizengrütze
1/4 l Gemüsebrühe
Meersalz
150 g Ricotta
2 Eier
1 Eigelb
3 Eßl. Weizen-Vollkornmehl
Pfeffer

Für die Frankfurter Sauce:
1 große Kartoffel (etwa 100 g)
150 g Lauch
2 Schalotten
200 ml Gemüsebrühe
150 g Sahne
100 g gemischte frische Kräuter (siehe Tip; oder 1 Päckchen Fertigprodukt)
2 Teel. Zitronensaft

Für das Gemüse:
1 rote Zwiebel
600 g Staudensellerie
1 Apfel
1 Eßl. Sonnenblumenöl
Salz · Pfeffer
Muskatnuß, frisch gerieben

Zubereitungszeit:
etwa 45 Minuten

Buchweizen-Ricotta-Klößchen mit Frankfurter Sauce

Pikant • Preiswert

• Für die Klößchen die Buchweizengrütze heiß waschen, abtropfen lassen und in einer trockenen Pfanne bei mittlerer Hitze unter Rühren etwa 3 Minuten rösten. 1/4 l Brühe aufkochen lassen und darin den Buchweizen bei schwacher Hitze zugedeckt etwa 10 Minuten quellen lassen. Vom Herd ziehen und abkühlen lassen.

• Für die Sauce die Kartoffel waschen, schälen und raspeln. Lauch waschen, putzen und in Ringe schneiden. Schalotten schälen und kleinschneiden. Alles in einem Topf mit der restlichen Brühe aufkochen lassen und etwa 10 Minuten garen. Dann die Sahne unterrühren und etwa 5 Minuten weitergaren. Die Kräuter waschen, trockenschleudern, grob kleinschneiden und in die Sauce rühren. Mit dem Pürierstab pürieren und mit Zitronensaft abschmecken.

• Salzwasser aufkochen lassen. Gleichzeitig Buchweizen mit Ricotta, Eiern, Eigelb, Mehl, Salz und Pfeffer vermischen. Mit Eßlöffeln Klößchen abstechen und im Wasser etwa 10 Minuten ziehen (nicht kochen) lassen, dann herausnehmen.

• Für das Gemüse Zwiebel schälen und kleinschneiden. Staudensellerie waschen, putzen und in etwa 1 cm große Rauten schneiden. Apfel waschen, eventuell schälen und ohne Kerngehäuse in streichholzdünne Stifte (Julienne) schneiden.

• Das Öl in einer Pfanne bei mittlerer Hitze heiß werden lassen und darin die Zwiebel leicht anbraten. Den Sellerie etwa 5 Minuten mitdünsten. Mit Salz, Pfeffer und Muskat abschmecken. Klößchen, Gemüse und Sauce auf Teller verteilen und mit Apfel-Julienne garnieren.

Pro Portion etwa: 2715 kJ/650 kcal

Tip

Die Kräutermischung können Sie selbst herstellen – mit Sauerampfer, Pimpernelle, Kerbel, Petersilie, Dill, Schnittlauch, Estragon, Liebstöckel.

Couscous mit Kürbis

Arabische Spezialität • Gelingt leicht

• Couscous in 100 ml Brühe etwa 30 Minuten quellen lassen.

• Inzwischen die Zwiebel schälen und kleinschneiden. Kürbis schälen, putzen und würfeln. Basilikum waschen und die Blättchen kleinschneiden. Peperoni längs halbieren und ohne Samen kleinschneiden. Die Zuckerschoten waschen, putzen und schräg halbieren.

• In einem Topf Öl erhitzen und darin bei mittlerer Hitze Zwiebel, Kürbis und Peperoni etwa 3 Minuten dünsten. Mit der restlichen Brühe etwa 10 Minuten garen.

• Einen Dämpfeinsatz aus Metall mit einem sauberen Tuch auslegen. Couscous hineinfüllen, auf das Gemüse setzen und alles bei schwacher Hitze zugedeckt etwa 25 Minuten dämpfen. Tomaten waschen, mit Basilikum und Schoten noch etwa 5 Minuten mitgaren. Mit Salz, Pfeffer und Parmesan abschmecken, mit Gemüse servieren.

Pro Portion etwa: 1640 kJ/390 kcal

Borschtsch mit Keimlingen

Preiswert • Im Bild

• 1 l Salzwasser aufkochen lassen. Weißkohl ohne Strunk in kleine Rauten schneiden, abspülen, im Salzwasser etwa 2 Minuten blanchieren und abtropfen lassen. Zwiebeln und Petersilienwurzel schälen und in kleine Würfel schneiden. Restliches Gemüse waschen und schälen. Kartoffel und Möhre raspeln, Paprika und rote Beten würfeln. Tomaten ohne die Stielansätze sechsteln.

• In einem Topf Butterschmalz erhitzen und darin bei mittlerer Hitze Zwiebeln, Petersilienwurzel, Kartoffel, Möhre und Paprika etwa 4 Minuten dünsten. Mit Brühe aufkochen lassen, salzen, pfeffern und rote Beten sowie Kümmel und Gerstenkeimlinge unterrühren. Alles bei schwacher Hitze zugedeckt etwa 15 Minuten garen. Petersilie und Tomaten unterrühren. Auf Teller verteilen und mit Crème fraîche garnieren.

Pro Portion etwa: 1935 kJ/460 kcal

Zutaten für je 4 Personen

Couscous mit Kürbis

250 g Couscous
300 ml Gemüsebrühe
1 rote Zwiebel
400 g Kürbis
1 Bund Basilikum
1 kleine Peperoni
100 g Zuckerschoten
1 Eßl. Olivenöl, kaltgepreßt
200 g Kirschtomaten
Meersalz · Pfeffer
1 Eßl. Parmesan, frisch gerieben

Zubereitungszeit: etwa 1 Stunde

Borschtsch

Meersalz
200 g Weißkohl
2 Zwiebeln
100 g Petersilienwurzel
1 große Kartoffel
1 Möhre
1/2 rote Paprikaschote
2 kleine rote Beten
2 Tomaten
2 Eßl. Butterschmalz
3/4 l Gemüsebrühe
Pfeffer · 1 Eßl. Kümmel
100 g Gerstenkeimlinge
1 Eßl. Petersilie, frisch geschnitten
2 Eßl. Crème fraîche

Zubereitungszeit: etwa 50 Minuten

Zutaten für je 4 Personen

Kasha
2 Zwiebeln
2 Frühlingszwiebeln
200 g Pastinaken (oder Möhren)
400 g Champignons (nach Belieben gemischt mit Pfifferlingen)
1 1/2 Bund glatte Petersilie
600 ml Gemüsebrühe
Meersalz
3 Eßl. Butterschmalz
200 g Buchweizen
Pfeffer
100 g saure Sahne

Zubereitungszeit: etwa 30 Minuten

Chili-Succotash
125 g Limabohnen
Meersalz
4 frische Maiskolben (oder 200 g Mais aus der Dose)
3 Schalotten
300 g grüne Bohnen
2 rote Paprikaschoten
1/3 Chilischote
30 g Butterschmalz
125 ml Gemüsebrühe
Pfeffer
1 Avocado
1 Eßl. Schnittlauchröllchen

Zubereitungszeit: etwa 35 Minuten (+ 1 Stunde Quellzeit)

Kasha mit Pilzen

Spezialität aus Rußland • Schnell

• Zwiebeln schälen und würfeln. Gemüse waschen. Frühlingszwiebeln putzen und samt Grün kleinschneiden. Pastinaken schälen und würfeln. Pilze waschen, putzen und vierteln. Petersilie waschen und kleinschneiden.

• In einem Topf Brühe salzen und aufkochen lassen. In einer Pfanne 1 Eßlöffel Butterschmalz bei mittlerer Hitze erhitzen. Darin Zwiebelwürfel und Buchweizen etwa 3 Minuten leicht anbraten, dann in der Brühe etwa 10 Minuten garen.

• Gleichzeitig in einem Topf 1 Eßlöffel Butterschmalz bei mittlerer Hitze erhitzen. Darin Pastinaken und Frühlingszwiebeln etwa 1 Minute anbraten. Petersilie unterrühren, salzen und pfeffern. In der Pfanne 1 Eßlöffel Butterschmalz bei mittlerer Hitze erhitzen. Darin die Pilze etwa 5 Minuten dünsten. Mit Salz und Pfeffer würzen.

• Buchweizen nun bei mittlerer Hitze mit Pastinaken und Sahne verrühren. Abschmecken und mit Pilzen anrichten.

Pro Portion etwa: 1895 kJ/455 kcal

Chili-Succotash

Spezialität aus Peru • Im Bild

• Limabohnen in 1/2 l Wasser etwa 3 Minuten kochen, dann 1 Stunde quellen lassen. Danach bei schwacher Hitze zugedeckt etwa 20 Minuten garen. Nach 15 Minuten salzen.

• Inzwischen die Gemüse waschen. Maiskolben putzen und waschen, die Körner vom Strunk schneiden. Schalotten schälen und kleinschneiden. Grüne Bohnen putzen und dritteln. Paprika putzen und in etwa 1 cm große Rauten schneiden. Chillie entkernen und kleinschneiden.

• In einem Topf Butterschmalz erhitzen und darin bei schwacher bis mittlerer Hitze Schalotten, Mais und Chillie etwa 3 Minuten anbraten. Grüne Bohnen, Limabohnen und Paprika etwa 5 Minuten mitdünsten. Mit Brühe aufgießen, aufkochen und mit Salz und Pfeffer abschmecken.

• Avocado schälen, halbieren und den Kern auslösen. Avocado würfeln und auf Teller verteilen. Succotash darübergeben. Mit Schnittlauch bestreuen.

Pro Portion etwa: 1520 kJ/365 kcal

Zutaten für 4 Personen

Für die Klößchen:
120 g Nacktgerste
1 Eßl. Weizen
250 g Tofu
3 Eßl. Quark
2 Eßl. Sojasauce
Meersalz
Pfeffer
1 Spritzer Tabascosauce
2 Teel. Sesamöl
1 Stück Ingwer (etwa 2 cm)
1 Bund glatte Petersilie
7 Eßl. Grahambrösel
2 Eßl. Olivenöl

Für das Cassoulet:
200 g rote Zwiebeln
1 Knoblauchzehe
600 g grüne Bohnen
400 g Kirschtomaten
2 Eßl. Olivenöl, kaltgepreßt
400 ml Gemüsebrühe
abgeriebene Schale von 1/4 unbehandelten Zitrone
2 Eßl. Aceto Balsamico
1 Eßl. Bohnenkraut, frisch geschnitten
1 Teel. Minzeblättchen, frisch geschnitten
Meersalz · Pfeffer
1 Bund Schnittlauch

Zubereitungszeit:
etwa 1 1/4 Stunden
(+ 6–12 Stunden Quellzeit)

Gerstenklößchen mit Tofu und Bohnen-Cassoulet

Gelingt leicht • Raffiniert

• Für die Klößchen 3 Eßl. Gerste in 100 ml Wasser 6–12 Stunden quellen lassen.

• Restliche Gerste schroten. Weizen mehlfein mahlen. Tofu pürieren und mit Schrot, Mehl, Quark, Sojasauce, Salz, Pfeffer, Tabasco und Sesamöl vermischen. Ingwer schälen und reiben. Petersilie waschen, trockenschleudern und die Blättchen kleinschneiden. Gequollene Gerste gründlich waschen und abtropfen lassen. Ingwer, Petersilie und gequollene Gerste unter den Teig mischen und diesen etwa 30 Minuten ruhen lassen.

• Inzwischen für das Cassoulet Zwiebeln und Knoblauch schälen und kleinschneiden. Grüne Bohnen waschen, putzen und dritteln. Tomaten waschen und halbieren. In einem Topf 2 Eßlöffel Olivenöl erhitzen und darin bei schwacher bis mittlerer Hitze Zwiebeln und Knoblauch glasig anbraten. Die Bohnen etwa 4 Minuten dünsten. Mit Brühe aufkochen lassen und bei schwacher Hitze zugedeckt etwa 10 Minuten garen. Die Tomaten dazugeben. Die Bohnen mit Zitronenschale, Essig, Bohnenkraut, Minze, Salz und Pfeffer würzen. Aufkochen lassen, dann vom Herd ziehen.

• Den Backofen auf 70° vorheizen. Aus dem Gerstenteig 20 Klößchen formen und in den Bröseln wenden. Die Klößchen in zwei Portionen braten. Dafür je 1 Eßlöffel Öl in einer großen schweren Pfanne heiß werden lassen und die Klößchen darin bei schwacher bis mittlerer Hitze pro Seite etwa 4 Minuten braten. Im Backofen warm stellen.

• Den Schnittlauch waschen, trockenschleudern und in Röllchen schneiden. Die Klößchen und das Cassoulet auf Teller verteilen und alles mit Schnittlauch bestreuen.

Pro Portion etwa: 1915 kJ/460 kcal

Menü
Vorher Endiviensalat mit Walnüssen, nachher Müsliparfait (Seite 85) servieren.

KORN
satt

Aus Topf und Pfanne

Körner, sonst nur Beilage, stehen diesmal im Mittelpunkt. Hier finden Sie Gerichte wie Bulgur, Maultaschen und das exotische Jambalya sowie natürlich köstliche Reisgerichte wie Risotto und den orientalischen Pilav.

Naturreis für alle Gelegenheiten

Mit der Begeisterung für die asiatische Küche ist das Reis-Angebot geradezu explodiert. Naturreis ist wegen seiner guten Bekömmlichkeit speziell für Einsteiger in die Naturküche gut geeignet. Naturreis (im Besitz des Silberhäutchens und des Keimlings) ist sättigender und nährstoffreicher als geschliffener weißer Reis. 60 g Naturreis decken unseren Tagesbedarf an Vitamin B_6 zu 22 % und an Magnesium zu 27 %. Reis ist glutenfrei.

• Einkaufstips

Naturreis ist wegen des Keimlings nicht unbegrenzt haltbar. Auf das Verfallsdatum achten!

Reis aus Asien vor der Verwendung waschen. Öfter Reis aus den USA kaufen; er ist selenhaltig, und Deutschland ist ein selenarmes Gebiet.

Langkorn-Naturreis: Er ist festkochend, körnig und ideal als Beilage. Im Geschmack ist er neutral und in der herzhaften Küche universell einsetzbar. In Europa wird er in guter Qualität in Italien und in der Camargue angebaut.

Rundkorn-Naturreis: Er ist leicht klebrig und weichkochend, deshalb perfekt für Risotto und Milchreis. Fein auch für Füllungen und Aufläufe, aber auch – vor allem für Einsteiger – eine schöne Beilage. Kommt in Europa aus Italien und Frankreich.

• Küchentip

Gelingt der Milchreis nicht cremig genug, etwas Reis mehlfein mahlen und damit binden.

Mittelkorn-Naturreis: Neu im Angebot. Er schmeckt neutral und ist etwas dicker als Langkornreis (liegt zwischen Lang- und Rundkornreis). Gut für die Jeden-Tag-Küche geeignet, etwa für Eintöpfe.

Parboiled Naturreis: Sein Plus: Er hat so kurze Garzeiten wie weißer Reis. Der Preis dafür: Verlust von Inhalts- und Ballaststoffen.
Durch ein Dampfdruckverfahren werden rund 80 % der Inhaltsstoffe des Silberhäutchens in das Korninnere gedrückt.
• Info
Arvorio-Reis, eine Spezialität aus Italien, ist ein Parboiled-Reis, bei dem das Silberhäutchen entfernt worden ist, ein weicher Mittelkornreis für Risotto und Milchreis.

Süßer Reis (Naturreis), auch Mochi-Reis: Er ist der schnellste unter den Naturreissorten mit einer Garzeit von nur etwa 20 Minuten. Eine Spezialität von feinem Wohlgeschmack. Ursprünglich kommt er aus Japan, wird heute auch in den USA angebaut. Er ist kleinkörniger als Rundkornreis, doch ebenso weichkochend. Mochi-Reis benötigt weniger Flüssigkeit (1 Tasse Reis zu 1 1/4 Tassen Flüssigkeit). Toll für Risotto und Desserts, für Füllungen und als Beilage.

Duftreis (Naturreis, auch Basmatireis): Ideal für feine Gerichte der asiatischen Küche – etwa Curries. Besonders edel ist der aus Thailand stammende Naturjasminreis, ein schmaler Langkornreis, der beim Kochen einen zarten Jasminduft entfaltet. Ebenfalls eine Spezialität ist der in den USA angebaute Duftreis Basmati-Art mit einem angenehmen leichten Duft.

Brauner Basmati-Naturreis: Klassische Reisspezialität der indischen Küche mit kokosnußähnlichem Aroma. Vor allem für die asiatische Küche ist er perfekt geeignet. Kommt aus Indien, Pakistan und den USA.
• Küchentip
Basmati-Naturreis vor dem Garen waschen, 30 Minuten einweichen und in frischem Wasser etwa 20 Minuten garen. Etwa 10 Minuten neben dem Herd nachquellen lassen.

Roter Naturreis: Pikant nußartig schmeckende Spezialität – in Europa aus der Camargue – mit natürlicher roter Färbung. Gibt Gerichten eine raffinierte Note. Fein für Salate, Füllungen, Suppeneinlagen, für Klößchen und Risotto.

Körner-Reis-Mischungen

Mit einer raffinierten Körnermischung kombiniert, wird ein schlichtes Gemüsegericht unversehens zur Spezialität. Solche Mischungen gibt es fertig zu kaufen, Sie können sie aber auch selbst zusammenstellen:
- *2-Korn-Mischung: Langkorn-Naturreis mit einem kleinen Teil Wildreis*
- *3-Korn-Mischung: Duftreis Basmati-Art mit einem kleinen Teil rotem Reis und Wildreis*
- *7-Korn-Mischung: Rundkorn-Naturreis, Wildreis, roter Reis, Grünkern, Hafer, gequollene Gerste, gequollener Dinkel (siehe Tabelle vordere Umschlagseite).*

Um eine 7-Korn-Mischung von 200 g selbst zusammenzustellen, nehmen Sie je Korn 30 g, außerdem 20 g Wildreis.

Zutaten für je 4 Personen

Bulgur mit Caponata
12 schwarze Oliven
3 Schalotten
1 Knoblauchzehe
5 Strauch- oder Eiertomaten
1 Aubergine
4 Eßl. Olivenöl, kaltgepreßt
600 ml Gemüsebrühe
2 Teel. Thymianblättchen
Meersalz · Pfeffer
3 Eßl. kleine Kapern
3 Eßl. Akazienhonig
3 Eßl. Aceto Balsamico
1 kleiner Zucchino
200 g Bulgur
1 Eßl. Parmesan, frisch gerieben
3 Blättchen Basilikum

Zubereitungszeit: etwa 30 Minuten

Roter-Reis-Risotto
1 l Gemüsebrühe
3 Schalotten
3 Eßl. Olivenöl
300 g roter Naturreis
600 g Austernpilze
4 Eßl. Parmesan, gerieben
2 Eßl. Sahne
1 Teel. Estragonblättchen
Muskatnuß, frisch gerieben
Meersalz · Pfeffer
1 Eßl. Süßholz (Apotheke)

Zubereitungszeit: etwa 45 Minuten

Bulgur mit Caponata

Im Bild • Preiswert

• Oliven entkernen und halbieren. Schalotten und Knoblauch schälen und kleinschneiden. Tomaten und Aubergine waschen und würfeln.

• In einer Pfanne bei mittlerer Hitze 2 Eßlöffel Öl erhitzen. Darin Aubergine in etwa 3 Minuten bräunen und herausnehmen. Noch mal 1 Eßlöffel Öl erhitzen, zwei Drittel der Schalotten und Knoblauch glasig anbraten. Mit 100 ml Brühe, Tomaten, Thymian, Salz und Pfeffer etwa 10 Minuten köcheln lassen. Oliven, Kapern, Aubergine, Honig und Essig dazugeben, warm stellen.

• Inzwischen Zucchino waschen und klein würfeln. In einem Topf das restliche Öl bei mittlerer Hitze heiß werden lassen. Darin die übrige Schalotte und den Bulgur glasig anbraten, mit der restlichen Brühe aufkochen lassen. Bei schwacher Hitze zugedeckt etwa 10 Minuten garen. Zucchino und Parmesan noch etwa 2 Minuten mitgaren. Mit der Caponata und Basilikum servieren.

Pro Portion etwa: 2060 kJ/490 kcal

Roter-Reis-Risotto mit Pilzen

Raffiniert • Für Gäste

• Die Brühe erhitzen. Schalotten schälen und würfeln.

• In einem Topf 2 Eßlöffel Öl erhitzen und darin bei schwacher Hitze Schalotten und Reis in etwa 5 Minuten glasig braten. Mit etwas Brühe bedecken, offen unter Rühren 35–40 Minuten lebhaft kochen lassen. Dabei die Flüssigkeit immer einkochen lassen und Brühe nachgießen. Das Risotto soll sämig und feucht sein, aber noch Biß haben.

• Inzwischen die Pilze putzen und in Streifen schneiden. Kurz bevor der Reis gar ist, das übrige Öl in einer Pfanne bei mittlerer Hitze heiß werden lassen. Darin die Pilze etwa 3 Minuten anbraten und beiseite stellen.

• Den Reis mit Parmesan, Sahne, Estragon, Pilzen, Muskat, Salz und Pfeffer vermischen. Auf Teller verteilen und mit Süßholz bestreuen.

Pro Portion etwa: 2460 kJ/590 kcal

Zutaten für 4 Personen

Für den Teig:
200 g Dinkel · 2 Eier
2 Eigelbe · Meersalz
2 Eßl. Sonnenblumenöl
Muskatnuß, frisch gerieben

Für die Füllung:
4 Eßl. Quinoa
200 ml Gemüsebrühe
Meersalz
je 50 g Lauch, Knollensellerie und Möhre
1 Knoblauchzehe
1 Bund Rucola
5 getrocknete eingelegte Tomaten
4 Eßl. Pecorino, frisch gerieben
2 Eßl. Ziegen-Frischkäse
Pfeffer

Für die Sauce:
2 Schalotten
100 ml Gemüsebrühe
5 Eßl. Weißwein (oder 1 Eßl. Zitronensaft)
2 Salbeiblätter
50 g Pinienkerne
2 Eßl. Crème fraîche
1 g Johannisbrotkernmehl (Reformhaus)
Meersalz · Pfeffer

Für die Arbeitsfläche:
Mehl

Zubereitungszeit:
etwa 1 1/4 Stunden

Quinoa-Maultaschen mit Pinienkernsauce

Raffiniert • Gelingt leicht

• Für den Teig Dinkel mehlfein mahlen. 1 Ei trennen, das Eiweiß beiseite stellen. Dinkel mit zweitem Ei, allen Eigelben, 1 Eßlöffel Wasser, Salz, Öl und Muskat zu einem festen Teig verkneten. Zwei Kugeln formen, zugedeckt etwa 20 Minuten ruhen lassen.

• Gleichzeitig für die Füllung Quinoa in Brühe aufkochen lassen, salzen und bei schwacher Hitze zugedeckt etwa 20 Minuten garen. Abtropfen lassen.

• Inzwischen Gemüse waschen. Lauch putzen, Sellerie, Möhre und Knoblauch schälen und alles sehr klein schneiden. In eine Schüssel füllen. Rucola trockenschleudern, kleinschneiden und bis auf 2 Eßlöffel zum Gemüse geben. Tomaten kleinschneiden. Mit gegartem Quinoa, Pecorino, Ziegenkäse, Salz und Pfeffer unter das Gemüse rühren.

• Für die Sauce Schalotten schälen und kleinschneiden. In einem Topf Brühe, Schalotten, Wein, Salbei und Pinienkerne aufkochen und bei mittlerer Hitze in etwa 5 Minuten einkochen lassen. Mit dem Pürierstab pürieren. Crème fraîche unterrühren. Johannisbrotkernmehl in 4 Eßlöffeln Wasser anrühren und einrühren. Unter Rühren aufkochen lassen und mit Salz und Pfeffer abschmecken. Beiseite stellen.

• In einem Topf 2 l Salzwasser aufkochen lassen. Das übrige Eiweiß verquirlen.

• Den Teig auf einer bemehlten Arbeitsfläche ausrollen und mit einer runden Form 12 Kreise (6–8 cm groß) ausstechen. Am Rand mit Eiweiß bepinseln, mit Füllung belegen, zusammenklappen und die Ränder mit einer Gabel festdrücken. Die Taschen im heißen Wasser etwa 5 Minuten ziehen lassen.

• Die Sauce nochmals erhitzen. Die Maultaschen mit einer Schaumkelle herausheben, auf einem Küchentuch abtropfen lassen und auf Teller verteilen. Mit der Sauce und restlichem Rucola garnieren.

Pro Portion etwa: 2675 kJ/640 kcal

Kürbisgemüse mit Kamut

Im Bild • Preiswert

• Kamut sehr grob schroten. Zwiebeln schälen und kleinschneiden. Öl in einem großen hohen Topf erhitzen und darin bei schwacher Hitze Zwiebeln und Kamut unter Rühren etwa 3 Minuten anbraten. Mit Brühe zugedeckt etwa 20 Minuten garen.

• Inzwischen Gemüse waschen und putzen. Kürbis in kleine Würfel, Sellerie in etwa 1 cm große Rauten schneiden. Fenchel sechsteln. Champignons vierteln. Alles mit den Erbsen unter den Kamut rühren. Mit Kurkuma, Muskat, Salz und Pfeffer würzen. Zugedeckt etwa 8 Minuten garen. Petersilie waschen, die Blättchen kleinschneiden und unterrühren.

• Tomaten halbieren, Kürbis-Kamut-Gemüse auf Teller verteilen. Mit Tomaten und Kresse garnieren.

Pro Portion etwa: 1580 kJ/380 kcal

Quinoa-Pilav mit Spargel

Schnell • Exklusiv

• Zwiebel schälen und kleinschneiden. Spargel waschen, schälen und in dünne Scheibchen schneiden. Öl in einem Topf bei schwacher Hitze erhitzen. Zwiebel und Spargel darin etwa 3 Minuten glasig anbraten und herausnehmen. Quinoa einrühren und mit Brühe aufkochen lassen. Salz und Lorbeer dazugeben, Quinoa zugedeckt etwa 15 Minuten garen. Dann die Lorbeerblätter entfernen.

• Kohlrabi waschen, in ganz kleine Rauten schneiden und mit der Sahne unter das Quinoa rühren. Alles etwa 5 Minuten garen. Petersilie waschen, die Blättchen kleinschneiden und mit Spargel und Zwiebel unterrühren. Mit Salz und Pfeffer abschmecken.

• Physalis waschen und putzen. Quinoa auf Teller verteilen. Mit Physalis garnieren.

Pro Portion etwa: 1245 kJ/300 kcal

Zutaten für je 4 Personen

Kürbisgemüse
200 g Kamut
2 rote Zwiebeln
2 Eßl. Sonnenblumenöl
850 ml Gemüsebrühe
400 g Kürbis
200 g Staudensellerie
1 kleine Fenchelknolle
200 g Champignons
100 g gepalte Erbsen
1 Teel. Kurkuma
Muskatnuß, frisch gerieben
Meersalz · Pfeffer
1 Bund glatte Petersilie
100 g Kirschtomaten
2 Eßl. Kresse

Zubereitungszeit:
etwa 30 Minuten
(+ 6–12 Stunden Quellzeit)

Quinoa-Pilav
1 Zwiebel
12 Stangen grüner Spargel
1 Eßl. Sonnenblumenöl
150 g Quinoa
200 ml Gemüsebrühe
Meersalz · 2 Lorbeerblätter
100 g Kohlrabi
5 Eßl. Sahne
1 Bund glatte Petersilie
Pfeffer
100 g Physalis

Zubereitungszeit:
etwa 45 Minuten

Zutaten für 4 Personen

80 g Kichererbsen
300 g Vollkorn-Duftreis
Meersalz
2 rote Zwiebeln
1 Knoblauchzehe
2 Eßl. Sonnenblumenöl
400 ml Gemüsebrühe
200 g Babymaiskölbchen
200 g Okraschoten
5 Eßl. Sahne
2 Eßl. Tandoori-Gewürz (Asienladen)
Pfeffer
250 g Joghurt
1 Teel. Minzeblättchen, frisch geschnitten
1 Eßl. Koriandergrün, frisch geschnitten
50 g Cashewnüsse
1 Frühlingszwiebel
2 unbehandelte Limonen (oder Zitronen)

Quellzeit: über Nacht
Zubereitungszeit: etwa 1 Stunde

Duftreis mit Fingermais

Exklusiv • Für Gäste

• Kichererbsen in 1/4 l Wasser über Nacht quellen lassen.

• Den Duftreis waschen, abtropfen lassen und mit Wasser bedeckt etwa 20 Minuten quellen lassen.

• In einem Topf Salzwasser aufkochen lassen und die Kichererbsen darin etwa 3 Minuten blanchieren. Abgießen und mit kaltem Wasser abschrecken. Abtropfen lassen.

• Zwiebeln und Knoblauch schälen und kleinschneiden. In einem Topf Öl erhitzen und darin bei schwacher Hitze Zwiebeln, Knoblauch und den gegarten Reis etwa 5 Minuten unter Rühren braten. Brühe dazugießen und aufkochen lassen. Den Reis zugedeckt etwa 15 Minuten garen.

• Gemüse waschen. Mais putzen und schräg halbieren. Okra ganz lassen, nur den Stielansatz entfernen, ohne die Frucht zu verletzen, da sonst der milchige Schleim austritt. Beide Gemüse mit den Kichererbsen unter den Reis mischen. Mit Sahne und Tandoori-Gewürz verrühren. Das Gericht aufkochen lassen und zugedeckt etwa 10 Minuten garen. Mit Salz und Pfeffer abschmecken und vom Herd ziehen.

• In einer Schüssel Joghurt mit Minze und Koriandergrün vermischen. Die Joghurtsauce mit Salz und Pfeffer abschmecken.

• In einer Pfanne bei mittlerer Hitze die Cashewnüsse goldbraun rösten. Dann grob hacken. Frühlingszwiebel waschen, putzen. Das Weiße in kleine Würfel, das Grün in dünne Ringe schneiden. Limonen halbieren. Das Reisgericht auf Tellern anrichten und mit den Cashewnüssen und dem Zwiebelklein bestreuen. Joghurt und Limonenhälften separat reichen.

Pro Portion etwa: 2810 kJ/670 kcal

Variante:

Duftreis mit grünen Bohnen

Statt Okra 200 g grüne Bohnen, in kleine Stücke geschnitten, statt Mais 200 g rote Paprika in kleinen Würfeln verwenden. Beides mit den Kichererbsen zum Reis geben. Statt Tandoori-Gewürz 1 Eßlöffel Ingwer nehmen.

Risotto mit Radicchio

Spezialität aus Italien • Raffiniert

• Bohnen in $^1/_2$ l Wasser etwa 2 Minuten kochen, vom Herd ziehen und 1 Stunde quellen lassen. Dann 20–30 Minuten garen. Reis waschen und in $^1/_2$ l Wasser etwa 20 Minuten einweichen. Beides abtropfen lassen.

• Inzwischen Zwiebeln schälen und in grobe Würfel schneiden. Gemüse und Basilikum waschen. Senfkohl ohne Strunk in feine Streifen schneiden. Tomaten ohne Stielansätze würfeln. Radicchio vierteln und ohne Strunk in feine Streifen schneiden. Basilikumblätter in Streifen schneiden.

• In einem Topf bei schwacher Hitze das Öl erhitzen und darin Zwiebeln und Reis etwa 5 Minuten anbraten. Mit Brühe aufkochen lassen und zugedeckt 20–30 Minuten garen. Bohnen, Kohl, Radicchio und Tomaten etwa 5 Minuten mitgaren. Salzen und pfeffern. Vor dem Servieren Basilikum untermischen. Auf Teller verteilen und mit Parmesan bestreuen.

Pro Portion etwa: 2415 kJ/575 kcal

Buchweizen mit Wirsing

Gelingt leicht • Im Bild

• 1 l Salzwasser aufkochen lassen. Wirsing putzen, waschen, vierteln, ohne Strunk in Streifen schneiden und im Wasser etwa 2 Minuten blanchieren. Buchweizen heiß waschen. Beides abtropfen lassen. Zwiebeln schälen und würfeln.

• In einem Topf bei schwacher Hitze das Öl erhitzen. Zwiebeln darin glasig braten. Mit Brühe aufkochen lassen. Buchweizen mit Lorbeerblatt, Nelken, Kümmel, Thymian, Piment und Wirsing einrühren. Zugedeckt bei schwacher Hitze etwa 10 Minuten garen.

• Möhre waschen, schälen und raspeln. Petersilienwurzel waschen, schälen und in kleine Würfel schneiden. Beides mit dem Buchweizen etwa 5 Minuten mitgaren. Mit Sahne aufkochen lassen, salzen und pfeffern. Vom Herd ziehen. Rote Bete waschen, schälen und in dünne Streifen schneiden. Buchweizen mit roter Bete garnieren.

Pro Portion etwa: 1715 kJ/410 kcal

Zutaten für je 4 Personen

Risotto mit Radicchio
50 g Cannellini-Bohnen
300 g Rundkorn-Naturreis
2 rote Zwiebeln
300 g Senfkohl (Asienladen; oder Spitzkohl)
200 g Tomaten
80 g Radicchio
1 Bund Basilikum
2 Eßl. Olivenöl, kaltgepreßt
$^3/_4$ l Gemüsebrühe
Meersalz · Pfeffer
4 Eßl. Parmesan, frisch gerieben

Zubereitungszeit: etwa 1 Stunde (+ 1 Stunde Quellzeit)

Buchweizen mit Wirsing
Meersalz · 500 g Wirsing
200 g Buchweizen
100 g Zwiebeln
2 Eßl. Sonnenblumenöl
$^1/_2$ l Gemüsebrühe
1 Lorbeerblatt
2 Gewürznelken
$^1/_4$ Teel. Kümmel
$^1/_2$ Teel. frischer Thymian
1 Prise Pimentpulver
1 Möhre (etwa 100 g)
100 g Petersilienwurzel
5 Eßl. Sahne · Pfeffer
1 kleine rote Bete

Zubereitungszeit: etwa 30 Minuten

Zutaten für 4 Personen

300 g Körnermischung (Dinkel, Gerste, Weizen, Roggen)
2 rote Zwiebeln
3 Eßl. Butterschmalz
1 Teel. Paprikapulver, edelsüß
1 Teel. Cayennepfeffer
3/4 l Gemüsebrühe
350 g Staudensellerie
4 reife Fleischtomaten
200 g Ananas
1 Mango
2 grüne Paprikaschoten
1 Bund glatte Petersilie
1/2–1 Chilischote
125 g Schalotten
Meersalz
Pfeffer

Quellzeit: über Nacht
Zubereitungszeit: etwa 45 Minuten

Mehrkorn-Jambalya

Kreolische Spezialität • Raffiniert

• Die gemischten Körner in 1 l Wasser über Nacht einweichen.

• Zwiebeln schälen und kleinschneiden. In einem Topf Butterschmalz erhitzen und darin die Körner bei mittlerer Hitze etwa 2 Minuten unter Rühren rösten. Zwiebeln, Paprika und Cayennepfeffer unterrühren und etwa 3 Minuten mitrösten. Mit Brühe aufkochen lassen und die Körner bei mittlerer Hitze etwa 20 Minuten garen.

• Gemüse, Obst und Petersilie waschen und putzen. 200 g Staudensellerie in etwa 2 cm lange Stücke schneiden, den Rest in dünne Streifen schneiden und beiseite stellen. Tomaten ohne Stielansätze in kleine Würfel schneiden. Ananas in etwa 1 cm große Würfel schneiden. Mango schälen, vom Stein lösen und ebenfalls würfeln. Paprika in etwa 1 cm große Rauten schneiden. Petersilienblättchen kleinschneiden. Chilischote ohne Samen in feine Ringe schneiden. Schalotten schälen und kleinschneiden. Paprika, Selleriestücke, Ananas, Mango und Tomaten unter das Gericht mischen. Alles aufkochen lassen und nochmals etwa 5 Minuten garen. Mit Salz und Pfeffer würzen. Auf Teller verteilen und mit Petersilie, Selleriestreifen, Chilistreifen und Schalottenwürfeln garnieren.

Pro Portion etwa: 2830 kJ/675 kcal

Variante:
Jambalya mit Reis
Statt Körnern Rundkorn-Naturreis verwenden. Den Reis nicht einweichen, aber nach dem Andünsten in 550 ml Brühe zugedeckt etwa 40 Minuten garen. Statt Mango 200 g Tofuwürfel verwenden. Separat eine Kreolische Sauce reichen. Dafür 300 g Tomatenwürfel, 1 Eßlöffel Limonensaft, je 1 Teelöffel Thymian, Oregano und Salbei, 2 Eßlöffel Olivenöl, 4 Eßlöffel Aceto Balsamico, 1 durchgepreßte Knoblauchzehe und 1/2 gehackte Chilischote verrühren und mit Salz und Pfeffer abschmecken.

Menü
Vorher Gemüsestifte mit Avocado-Dip, nachher Fruchtsalat mit Mangos reichen. Als Getränk paßt gut Bananen-Kirschsaft.

Ab ins Rohr!

Herzhaftes aus dem Backofen

Körner & Co. sind für Aufläufe und gefüllte Gemüse aus dem Backofen perfekt geeignet. Stars sind hierbei die getreideähnlichen Körner; sie bringen eine festliche Note und machen sich gut bei Einladungen.

Korn oder nicht Korn?
Getreideähnliche Gewächse
Sie wachsen meist dort, wo Klima und Böden für Getreide wenig geeignet sind. In der Küche können sie wegen ihrer Inhaltsstoffe und der Zubereitungsart wie Getreide verwendet werden.

Amaranth
Eine raffinierte Zutat für die kreative Küche. Die winzigen Körner aus den Anden (Samen einer spinatähnlichen Pflanze) haben einen höheren Gehalt an Eiweiß, Calcium, Magnesium und Eisen als Getreide. Nachdem Amaranth lange Zeit in Vergessenheit geraten war, wird es jetzt wiederentdeckt. Amaranth ist glutenfrei.
• Rezeptvarianten
Probieren Sie die folgenden Rezepte dieses Kapitels statt mit Polentagrieß, rotem Reis und Grünkern mit Amaranth aus: Gefüllte Zucchini, Gefüllte Kohlrabi und Gefüllte Paprikaschoten.

Buchweizen
Toll für die schnelle Küche. In 15–20 Minuten ist er als Beilage (verwendbar wie Reis) fertig. In der bretonischen und russischen Küche hatte er schon immer einen festen Platz. Vegetarischen Gerichten gibt er ein rustikales Gepräge. Buchweizen ist ein getreideähnliches Knöterichgewächs, reich an Mineralstoffen und Vitaminen – 60 g decken 25 % des Tagesbedarfs an Vitamin B_1. Buchweizen ist glutenfrei.
• Rezeptvarianten
Probieren Sie die folgenden Gerichte dieses Kapitels mit Buchweizen statt mit rotem Reis und Grünkern: Gefüllte Kohlrabi, Gefüllte Paprikaschoten.

Quinoa
Schnell und raffiniert: Das sind die Pluspunkte von Quinoa (wie Amaranth ein Gemüsegewächs aus Mittelamerika). Seine kleinen Körner ähneln in Aussehen und Inhaltsstoffen der Hirse. Sein Eiweißgehalt ist höher als bei Getreide. Quinoa ist glutenfrei.

• Rezeptvarianten
Probieren Sie die folgenden Rezepte dieses Kapitels mit Quinoa statt mit Amaranth, Polentagrieß und Reis: Auberginen-Amaranth-Auflauf, Gefüllte Zucchini und Kohlrabi, Gefüllte Paprikaschote, Amaranth-Soufflé.

Wildreis
Diese feine Spezialität ist kein Reis, sondern der Samen eines Wildgrases aus den nordamerikanischen und kanadischen Seen. Seine schwarzbraune Farbe und seinen nussigen Geschmack erhält er, wenn er, ähnlich wie Dinkel, nach der Ernte gedarrt wird.
• Einkaufstip
Wildreis ist eine recht teure Spezialität. Man kann ihn aber gut mit Langkornreis mischen. Verschiedene Mischungen sind im Handel fertig zu kaufen. Raffiniert ist eine Gourmet-Reismischung aus Langkorn-Naturreis, rotem Reis, Vollkorn-Duftreis und Wildreis.
• Serviertip
Wegen seines dezenten Eigengeschmacks sollten Sie Wildreis pur als feine festliche Beilage reichen, etwa zusammen mit Pilzen und gemischten mediterranen Gemüsetellern.

Fleischlos glücklich – geht das?
Ja! Nicht zuletzt dann, wenn man Getreide & Co. in der vegetarischen Küche gekonnt einsetzt. Getreide ist nicht nur ein guter Kohlenhydratlieferant, sondern auch eine bedeutende Eiweißquelle. Freilich ist die Qualität des Getreideeiweißes für unseren Körper (seine biologische Wertigkeit) nicht so hoch wie die von tierischem Eiweiß. Aber durch Kombination mit anderen eiweißhaltigen Produkten können wir leicht eine Wertsteigerung herbeiführen. Anregungen dazu finden Sie in der rechten Spalte auf dieser Seite.
• Info
Wie hoch der Wert eines Nahrungseiweißes (die »biologische Wertigkeit«) für uns ist, hängt davon ab, wie hoch die in ihm enthaltene Menge an für uns lebenswichtigen Aminosäuren ist. Aus dem Nahrungseiweiß bauen wir eigenes Körpereiweiß neu auf.

Vital-Food – gekonnt gemischt (Eiweiß-Kombinationen)

Für eine gute vegetarische Jeden-Tag-Küche, die nahrhaft, sättigend und dabei köstlich-raffiniert sein soll, lohnt es sich, Produkte so zu kombinieren, daß die biologische Wertigkeit erhöht wird.
Voraussetzung ist, Sie verwenden Vollgetreide und Vollkornprodukte; denn das höherwertige Eiweiß sitzt beim Getreide zum Großteil in den Randschichten. Gute Ergänzungen liefern:
• Körner und Ei (Nudeln, Plätzchen, Risotto, Parfait und Kuchen)
• Körner und Milch oder Milchprodukte (Klößchen, Risotto, Aufläufe und Gratins, süßes Risotto)
• Körner und Hülsenfrüchte (Salat, Eintöpfe, Reisgerichte, gefüllte Gemüse)
• Körner und Hefe (Brote)
• Körner, Milch und Ei (Puffer und Bratlinge, Klößchen, Maultaschen, Soufflés, Aufläufe, süße Polenta, Knödel)
• Die Ergänzung kann auch innerhalb einer Mahlzeit erfolgen, zum Beispiel in Kombination eines Getreidegerichts mit einem Dessert aus Milchprodukten.

Zutaten für je 4 Personen

Auberginen-Amaranth-Auflauf
1 rote Zwiebel
150 g Amaranth
300 ml Gemüsebrühe
Meersalz
2 Maiskolben
3 Auberginen
3 Eßl. Olivenöl, kaltgepreßt
100 g Lauch · 5 Tomaten
100 g Schafkäse
Pfeffer
1 Teel. frischer Majoran

Zubereitungszeit:
etwa 1 Stunde

Gratinierte Polenta
1,2 l Gemüsebrühe
200 g Polentagrieß
Saft und Schale von
1 unbehandelten Zitrone
Muskatnuß, frisch gerieben
Meersalz · Pfeffer
100 g Basilikum
3 Knoblauchzehen
80 g Parmesan, frisch gerieben
30 g Pinienkerne
7 Eßl. Olivenöl, kaltgepreßt
4 rote Zwiebeln
300 g Mozzarella
Öl für Form und das Backblech

Zubereitungszeit:
etwa 50 Minuten

Auberginen-Amaranth-Auflauf

Gelingt leicht • Im Bild

• Zwiebel schälen und kleinschneiden. Amaranth in Brühe mit Salz und Zwiebel bei schwacher Hitze zugedeckt 20–30 Minuten garen.

• Gleichzeitig 1 l Salzwasser aufkochen lassen. Mais und Auberginen putzen und waschen. Maiskörner abschneiden und im Wasser etwa 2 Minuten blanchieren. Auberginen längs in Scheiben schneiden. Mit Öl bepinseln.

• Backofen auf 170° vorheizen. In einer großen schweren Pfanne das restliche Öl bei mittlerer Hitze erhitzen. Auberginen darin pro Seite 2–3 Minuten bräunen. Lauch und Tomaten waschen, Lauch putzen, beides in Scheiben schneiden. Käse zerbröckeln.

• Eine ofenfeste Form mit Auberginen auslegen. Unter Salzen und Pfeffern hineinschichten: Amaranth, Lauch, Tomaten, Käse, Auberginen, Mais, Majoran, Tomaten, Auberginen und Käse. Im Backofen (Mitte, Umluft 150°) etwa 25 Minuten backen.

Pro Portion etwa: 1945 kJ/465 kcal

Gratinierte Polenta

Preiswert • Für Gäste

• 1 l Brühe aufkochen lassen und darin Polentagrieß mit Zitronenschale und Muskat unter Rühren bei mittlerer Hitze etwa 5 Minuten garen. Salzen, pfeffern, in eine gefettete rechteckige Form umfüllen und abkühlen lassen.

• Für das Pesto Basilikum waschen und die Blättchen abzupfen. Knoblauch schälen. Beides kleinschneiden, mit Parmesan, Pinienkernen, Zitronensaft und 6 Eßlöffeln Öl pürieren.

• Backofen auf 200° vorheizen. Das Blech fetten. Zwiebeln schälen und würfeln. In einer Pfanne das restliche Öl erhitzen und darin bei mittlerer Hitze die Zwiebeln etwa 3 Minuten braten. Salzen und pfeffern. Mozzarella und Polenta in je 12 Scheiben schneiden. Jeweils 3 Scheiben Polenta fächerartig nebeneinander aufs Blech legen, mit Pesto bestreichen und mit Mozzarella belegen. Im Backofen (oben, Umluft 180°) 15–20 Minuten überbacken.

Pro Portion etwa: 3935 kJ/940 kcal

Zutaten für 4 Personen

50 g Cashewnüsse
1/2 l Gemüsebrühe
50 g Polentagrieß
Muskatnuß, frisch gerieben
1 Teel. Minzeblättchen, frisch geschnitten
1/4 Teel. Sesamöl
80 g Parmesan, frisch gerieben
Meersalz
Pfeffer
4 kleine Zucchini
2 Fleischtomaten
3 Schalotten
150 g Spinat
1 Eßl. Olivenöl, kaltgepreßt
120 g rote Linsen
1 Teel. (Zitronen-)Thymian
5 Eßl. Sahne
12 Kapuzinerkresseblüten zum Dekorieren
Fett für die Form

Zubereitungszeit: etwa 1 Stunde

Zucchini mit Polenta-Nuß-Füllung auf Linsen

Raffiniert • Für Gäste

• Eine Pfanne bei mittlerer Hitze heiß werden lassen und darin die Nüsse in etwa 1 Minute goldgelb rösten, dann grob hacken.

• In einem Topf 300 ml Brühe aufkochen lassen. Polentagrieß, Muskat, Minze, Nüsse und Sesamöl einrühren und bei schwacher Hitze zugedeckt in etwa 5 Minuten garen. Vom Herd ziehen. Einen Teil Käse unterrühren, mit Salz und Pfeffer abschmecken und Polenta zugedeckt etwa 20 Minuten quellen lassen.

• Zucchini und Tomaten waschen. Zucchini putzen, längs halbieren, mit einem Löffel aushöhlen und das Ausgehöhlte kleinschneiden, salzen und pfeffern. Tomaten ohne die Stielansätze in Scheiben schneiden. Zucchinihälften und Tomaten salzen und pfeffern.

• Backofen auf 200° vorheizen. Eine feuerfeste Form fetten. Zucchinifleisch in die Zucchini füllen, mit Tomaten belegen und mit Polenta bestreichen. Mit restlichem Käse bestreuen und in die Form setzen. Im Backofen (Mitte, Umluft 180°) in etwa 20 Minuten goldgelb backen.

• Schalotten schälen und kleinschneiden. Spinat putzen, waschen, grob schneiden und abtropfen lassen.

• In einem Topf Olivenöl erhitzen und Schalotten und Linsen darin bei mittlerer Hitze kurz anbraten. Mit 200 ml Brühe aufkochen lassen und alles etwa 4 Minuten zugedeckt bei schwacher Hitze garen. Spinat, Thymian und Sahne unterrühren. Linsengemüse weitere 3 Minuten garen und mit Salz und Pfeffer abschmecken.

• Kapuzinerkresseblüten waschen und abtrocknen. Zucchini auf Teller verteilen, mit Linsengemüse anrichten und mit den Blüten dekorieren.

Pro Portion etwa: 2370 kJ/565 kcal

Kohlrabi mit Reisfüllung

Preiswert • Im Bild

• Reis mit $^1/_2$ l Brühe aufkochen lassen, salzen und zugedeckt bei schwacher Hitze in etwa 45 Minuten garen.

• Gleichzeitig 1 l Salzwasser aufkochen lassen. Kohlrabi waschen, schälen und Deckel abschneiden. Kohlrabi aushöhlen, etwa 10 Minuten blanchieren.

• Den Backofen auf 160° vorheizen. Gemüse waschen und putzen, Zwiebel schälen und alles mit dem Kohlrabifleisch würfeln. Reis abtropfen lassen und mit Gemüse, Korinthen, Pinienkernen, Käse, Salz und Pfeffer mischen. Kohlrabi damit füllen, mit Deckeln belegen, in der Form mit 100 ml Wasser im Backofen (Mitte, Umluft 140°) etwa 20 Minuten backen.

• Schalotten schälen und kleinschneiden. Kartoffel schälen und raspeln. Beides mit 200 ml Brühe bei mittlerer Hitze etwa 10 Minuten kochen. Crème fraîche mit dem Pürierstab einrühren. Mit Limonensaft, Salz und Pfeffer abschmecken. Zu den Kohlrabi servieren.

Pro Portion etwa: 1850 kJ/490 kcal

Paprika mit Grünkernfüllung

Pikant • Läßt sich gut vorbereiten

• Zwiebeln schälen und kleinschneiden. 300 ml Brühe aufkochen lassen. Grünkern darin mit Zwiebeln, Muskat, Paprika, Thymian, Käse und Salz unter Rühren etwa 5 Minuten köcheln lassen. Neben dem Herd etwa 20 Minuten quellen lassen.

• Den Backofen auf 180° vorheizen. Paprikaschoten waschen, Deckel abschneiden und die Schoten putzen. Mit Salz und Pfeffer ausstreuen und mit Grünkern füllen. Schoten mit Deckel in einer Form mit restlicher Brühe umgießen und im Backofen (Mitte, Umluft 160°) 30–35 Minuten backen.

• Inzwischen Schalotten schälen. Petersilie waschen. Beides kleinschneiden. Pilze putzen, abreiben und in Streifen schneiden. In einer Pfanne Butter erhitzen. Schalotten und Pilze darin etwa 5 Minuten bei mittlerer Hitze dünsten. Salzen und pfeffern. Mit Petersilie und Crème fraîche verrühren. Zu den Schoten servieren.

Pro Portion etwa: 1420 kJ/340 kcal

Zutaten für je 4 Personen

Kohlrabi mit Reisfüllung

5 Eßl. roter Naturreis
700 ml Gemüsebrühe
Meersalz
4 Kohlrabi (je etwa 300 g)
je 1 kleine Möhre, Paprikaschote, Lauchstange
1 rote Zwiebel
2 Eßl. Korinthen
2 Eßl. Pinienkerne
1 Teel. Parmesan, gerieben
Pfeffer · 3 Schalotten
1 kleine Kartoffel
100 g Crème fraîche
4 Eßl. Limonensaft

Zubereitungszeit:
etwa $1^1/_2$ Stunden

Paprika mit Grünkernfüllung

2 rote Zwiebeln
550 ml Gemüsebrühe
150 g feiner Grünkernschrot
Muskatnuß, frisch gerieben
$^1/_4$ Teel. Paprikapulver
1 Teel. frischer Thymian
4 Eßl. Greyerzer, gerieben
Meersalz
4 rote Paprikaschoten
Pfeffer · 2 Schalotten
1 Bund glatte Petersilie
300 g Austernpilze
1 Teel. Butter
1 Eßl. Crème fraîche

Zubereitungszeit:
etwa 1 Stunde

Wirsing mit Wildreisfüllung und Thymiansauce

Raffiniert • Läßt sich gut vorbereiten

Zutaten für 4 Personen

3/4 l Gemüsebrühe
1 rote Zwiebel
2 Eßl. Butterschmalz
60 g Wildreis
60 g Rundkorn-Naturreis
Meersalz
1 kleiner Wirsing (etwa 800 g)
150 g Petersilienwurzel
Pfeffer
2 Eßl. Kürbiskerne
1 Teel. frische Majoranblättchen
Muskatnuß, frisch gerieben
1 Schalotte
2 Eßl. Weißwein nach Belieben
100 g Sahne
1 Eßl. frischer Zitronenthymian (oder 1 Teel. Thymian und 1/4 abgeriebene Zitronenschale)
2 Eßl. Zitronensaft

Zubereitungszeit: etwa 1 1/2 Stunden

• 400 ml Brühe erhitzen. Zwiebel schälen und kleinschneiden. 1 Eßlöffel Butterschmalz in einem Topf erhitzen. Darin die Zwiebel bei mittlerer Hitze glasig braten, dann den Reis etwa 3 Minuten mitrösten. Mit Brühe aufkochen lassen, salzen und zugedeckt bei schwacher Hitze etwa 40 Minuten garen.

• Inzwischen vom Wirsing 12 Blätter ablösen, den Rest ohne Strunk in feine Streifen (Julienne) schneiden. Den Wirsing abbrausen und abtropfen lassen. Petersilienwurzel abbürsten und 100 g in kleine Würfel schneiden. In einem Topf 1 Eßlöffel Butterschmalz bei mittlerer Hitze erhitzen. Darin das kleingeschnittene Gemüse etwa 5 Minuten dünsten, salzen und pfeffern.

• In einem Topf 1 l Salzwasser aufkochen lassen. Darin die Wirsingblätter etwa 2 Minuten blanchieren, abschrecken, abtropfen lassen und den Strunk herausschneiden.

• Reis, falls nötig, abtropfen und ausdämpfen lassen. Kürbiskerne hacken und mit Wirsingstreifen, Petersilienwurzel, Reis, Majoran, Salz, Pfeffer und Muskat mischen.

• Backofen auf 160° vorheizen. Jeweils 1 Wirsingblatt mit der Unterseite nach oben in eine Suppenkelle legen. Dabei die eingeschnittenen Teile übereinanderlegen. Füllung hineingeben und mit dem herunterhängenden Blatt bedecken. Wirsingköpfchen mit der Nahtseite nach unten in eine gefettete Form setzen, mit 125 ml Brühe umgießen. Im Backofen (Mitte, Umluft 140°) 10–15 Minuten backen.

• Restliche Petersilienwurzel raspeln, Schalotte schälen und kleinschneiden. Beides in einem Topf mit übriger Brühe und Wein aufkochen und bei mittlerer Hitze etwa 10 Minuten einkochen lassen. Sahne einrühren. Alles noch etwa 3 Minuten einkochen lassen. Mit dem Pürierstab pürieren. Mit Thymianblättchen, Zitronensaft, Salz und Pfeffer würzen. Zum Wirsing reichen.

Pro Portion etwa: 1870 kJ/445 kcal

Amaranthsoufflé mit Auberginen

Im Bild • Für Gäste

• Amaranth fein mahlen. Milch mit Safran aufkochen lassen. Amaranth und Grieß einrühren, zugedeckt bei schwacher Hitze etwa 15 Minuten garen.

• Backofen auf 175° vorheizen. Die Tassen fetten. Eier trennen. Eigelbe mit der Amaranth-Masse verrühren, etwa 5 Minuten abkühlen lassen. Eiweiße steif schlagen, unterheben, in die Tassen füllen. Im Backofen (Umluft 160°) etwa 25 Minuten backen.

• Inzwischen Zwiebeln und Knoblauch schälen und kleinschneiden. Gemüse waschen. Tomaten ohne die Stielansätze grob zerkleinern. Öl in einem Topf erhitzen. Zwiebeln und Knoblauch darin glasig anbraten. Tomaten mit Thymian zugedeckt bei schwacher Hitze etwa 10 Minuten mitgaren. Auberginen putzen, würfeln und offen etwa 15 Minuten mitgaren. Mit Salz, Pfeffer und Essig würzen. Mozzarella würfeln und mit dem Auberginenkompott zu den Soufflés servieren.

Pro Portion etwa: 2070 kJ/495 kcal

Dinkel-Ricotta-Auflauf

Mediterrane Spezialität • Gelingt leicht

• In einer Pfanne die Mandelstifte bei mittlerer Hitze goldbraun rösten. Tomaten kleinschneiden. Basilikum und Rucola entstielen, waschen und kleinschneiden. Dinkelkeimlinge gründlich waschen und abtropfen lassen. Knoblauch schälen und kleinschneiden.

• Backofen auf 175° vorheizen. Eine feuerfeste Form fetten und mit Bröseln ausstreuen. Eier trennen. Eiweiße mit 1 Prise Salz zu Schnee schlagen und in den Kühlschrank stellen. Ricotta mit Sahne verrühren. Mehl, Eigelbe, Dinkelkeimlinge, Basilikum, Rucola, Tomaten, Mandeln, Knoblauch, Salz und Pfeffer untermischen. Eischnee unterziehen. Die Masse in die Form füllen und im Backofen (Mitte, Umluft 155°) etwa 1 Stunde backen.

Pro Portion etwa: 1815 kJ/435 kcal

Menü

Vorher einen Rohkostteller, als Beilage ein Auberginenkompott (Seite 73) und als Dessert ein Quinoa-Soufflé (Seite 88).

Zutaten für je 4 Personen

Amaranthsoufflé

100 g Amaranth
300 ml Milch
2 Prisen Safran
50 g Weizen-Vollkorngrieß
3 Eier · 2 rote Zwiebeln
2 Knoblauchzehen
1 kg Tomaten
200 g Auberginen
2 Eßl. Olivenöl
1 Zweig Thymian
Meersalz · Pfeffer
2 Eßl. Aceto Balsamico
150 g Mozzarella
4 feuerfeste Kaffeetassen
Fett für die Tassen

Zubereitungszeit:
etwa 1 Stunde

Dinkel-Ricotta-Auflauf

2 Eßl. Mandelstifte
2 getrocknete Tomaten
1 1/2 Bund Basilikum
100 g Rucola
100 g Dinkelkeimlinge
1 Knoblauchzehe
4 Eier · Meersalz
400 g Ricotta · 100 g Sahne
3 Eßl. Weizen-Vollkornmehl
Pfeffer
Fett und Grahambrösel
für die Form

Zubereitungszeit:
etwa 1 1/2 Stunden
(davon 1 Stunde Backzeit)

Zutaten für 4 Personen

Für den Auflauf:
200 g Grünkern
Meersalz
2 kleine Steckrüben (je etwa 300 g)
1 Möhre (etwa 100 g)
1 Stange Lauch (etwa 100 g)
300 ml Gemüsebrühe
1 Eßl. glatte Petersilie, frisch geschnitten
1 Prise Muskatblüte
Pfeffer
2 Eier
120 g Emmentaler, frisch gerieben

Für die Sauce:
2 Frühlingszwiebeln
100 ml Gemüsebrühe
1 Eßl. Crème fraîche
1 g Johannisbrotkernmehl (Reformhaus)

Für das Gemüse:
Meersalz
1 kleine rote Paprikaschote
100 g Pastinake (oder Möhre)
100 g Zuckerschoten
2 Schalotten
1 Eßl. Olivenöl
Pfeffer
Fett für die Form

Zubereitungszeit: etwa 1 1/4 Stunden

Steckrüben-Grünkern-Auflauf mit Paprika

Pikant • Läßt sich gut vorbereiten

• Für den Auflauf 100 g Grünkern in 200 ml Wasser aufkochen lassen und zugedeckt bei schwacher Hitze etwa 40 Minuten garen. Dann abtropfen lassen. Restlichen Grünkern grob schroten.

• 1 l Salzwasser aufkochen lassen. Gemüse waschen. Steckrüben schälen und in etwa 1/2 cm dicke Scheiben schneiden. Im Wasser etwa 2 Minuten blanchieren. Kalt abschrecken und abtropfen lassen. Möhre schälen und raspeln. Lauch putzen und in Streifen schneiden.

• Backofen auf 170° vorheizen. Eine feuerfeste Form fetten. 300 ml Brühe bei mittlerer Hitze aufkochen lassen. Grünkernschrot unter Rühren darin einmal aufkochen lassen. Möhre, Lauch, Petersilie und Muskat einrühren. Vom Herd ziehen, salzen und pfeffern. Gegarte Grünkernkörner mit Eiern und 50 g Käse unterrühren.

• Den Boden der Form mit Steckrüben belegen. Wie bei Lasagne mit Grünkerngemüse bedecken und abwechselnd je eine Lage Steckrübe und Füllung aufeinanderschichten. Mit Steckrüben abschließen. Mit restlichem Käse bestreuen und im Backofen (Mitte, Umluft 150°) etwa 25 Minuten backen.

• Inzwischen für die Sauce Zwiebeln waschen, putzen und kleinschneiden. Brühe in einem Topf aufkochen lassen. Crème fraîche einrühren, Zwiebeln darin etwa 5 Minuten köcheln lassen, dann pürieren. Johannisbrotkernmehl mit 3 Eßlöffeln Wasser anrühren und unterrühren. Vom Herd ziehen.

• Das Gemüse waschen und putzen. 1 l Salzwasser aufkochen lassen. Paprika in kleine Rauten, Pastinake in Stiftchen schneiden. Schoten dritteln. Alles etwa 2 Minuten blanchieren und abtropfen lassen. Schalotten schälen und würfeln. In einer Pfanne Öl erhitzen und Schalotten kurz anbraten. Gemüse darin schwenken, salzen und pfeffern. Mit Sauce zum Auflauf geben.

Pro Portion etwa: 2030 kJ/485 kcal

Dinkel-Amaranth-Brot

Raffiniert • Im Bild links

• 150 ml Salzwasser aufkochen lassen. Darin 50 g Amaranth zugedeckt bei schwacher Hitze etwa 30 Minuten garen. Beiseite stellen.

• Inzwischen Dinkel und restlichen Amaranth mehlfein mahlen. Hefe in 2 Eßlöffeln lauwarmem Wasser auflösen. Mit etwa 300 ml Wasser, 10 g Salz, Mehl und Öl zu einem geschmeidigen Teig kneten. Zugedeckt bei Zimmertemperatur 30–60 Minuten gehen lassen.

• Das Backblech fetten. Oliven hacken. Den Teig durchkneten und Oliven und gegarten Amaranth unterarbeiten. Sechs Kugeln formen und auf bemehlter Fläche zu etwa 1/2 cm dicken Fladen ausrollen. Aufs Blech geben und von einem Tuch bedeckt 20–30 Minuten gehen lassen. Backofen auf 220° vorheizen. Einen kleinen Topf mit Wasser in den Backofen stellen. Fladen mit Wasser besprühen und im Backofen (Mitte, Umluft 200°) 20–25 Minuten backen.

Pro Fladen etwa: 1470 kJ/350 kcal

Hirsebrot

Gelingt leicht • Im Bild rechts

• 300 ml Salzwasser aufkochen lassen. 100 g Hirse darin zugedeckt bei schwacher Hitze etwa 10 Minuten garen. Beiseite stellen.

• Übrige Hirse, Dinkel und Weizen mehlfein mahlen. Hefe in 2 Eßlöffeln lauwarmem Wasser auflösen. Mit 300 ml Wasser, Mehl, Kümmel, Koriander und Fenchel zu einem geschmeidigen Teig verkneten (mit der Maschine in etwa 5 Minuten) und zugedeckt bei Zimmertemperatur 20–30 Minuten gehen lassen.

• Die Form fetten. Den Teig mit 10 g Salz und der gegarten Hirse verkneten. In die Form füllen, glattstreichen und zugedeckt 20–30 Minuten gehen lassen. Inzwischen den Backofen auf 230° vorheizen. Einen Topf mit Wasser in den Backofen stellen. Teig mit einer Gabel mehrmals einstechen, mit Wasser bestreichen und im Backofen (Mitte, Umluft 200°) etwa 20 Minuten backen. Dann bei 190° (Umluft 170°) in etwa 40 Minuten fertigbacken.

Bei 28 Scheiben pro Scheibe etwa: 300 kJ/70 kcal

Zutaten

Dinkel-Amaranth-Brot (für 6 Fladen)

Meersalz
150 g Amaranth
400 g Dinkel
42 g Hefe
1 1/2 Eßl. Sonnenblumenöl, kaltgepreßt
50 g entkernte schwarze Oliven
Fett für das Blech
Mehl für die Arbeitsfläche

Zubereitungszeit: etwa 50–60 Minuten (+ 50 Minuten – 1 1/2 Stunden Ruhezeit)

Hirsebrot (1 Kastenform von 25 cm Länge)

Meersalz
200 g Hirse
300 g Dinkel
100 g Weizen
42 g Hefe
2 Teel. Kümmel
1 Teel. Koriandersamen
1/2 Teel. Fenchelsamen
Fett für die Form

Zubereitungszeit: etwa 1 Stunde 20 Minuten (davon 1 Stunde Backzeit + 40–60 Minuten Ruhezeit)

So sweet...

Süßes mit Körnern

Süße Polenta, Buchweizen-Laibchen, oder Hirseauflauf – mit Körnern lassen sich köstlichere Desserts zubereiten als gedacht. Die warmen Süßspeisen ergeben, in doppelter Menge zubereitet, außerdem einen Hauptgang zum Verwöhnen.

Weizen & Co.
Betrachtet man die »Geschichte« des Weizens in der Küche, so fällt auf, daß er traditionell nur zum Backen verwendet wurde. Die moderne Küche nun präsentiert Weizen und Dinkel vielseitiger: als Frühstücksflocken, als Keimlinge für Salate, als Zutat für tolle Hauptgerichte.

Weizen: Er ist der »König« der Getreide. Sein Plus ist das Klebereiweiß, das den Teig lockert und Brot und Gebäck das Gerüst gibt. Er ist vitamin- und mineralstoffreich: 60 g Weizen liefern vom Tagesbedarf an Vitamin B_1 21 %, an Phosphor 31 %, an Magnesium 25 % und an Mangan 58 %. Außer den unbearbeiteten Körnern gibt es noch andere Produkte aus Weizen wie Bulgur und Couscous (beide auf Seite 6).

Dinkel: Er ist die ursprüngliche Form des Weizens. Sein feines Aroma, seine guten Backeigenschaften und auch die hellere Färbung des Mehls lassen seine Fan-Gemeinde unaufhaltsam wachsen. Aus Dinkel wird Grünkern (Seite 6) hergestellt.

Hartweizen: Eine Delikatesse sind selbstgemachte Nudeln aus Vollkorn-Hartweizengrieß. Ihn gibt es in Naturkostgeschäften oft nur auf Bestellung. Probieren Sie unser Nudelrezept (Tip Seite 20) ohne Ei, aber mit 100 g Buchweizenmehl, 250 g Vollkorn-Hartweizengrieß, 100 ml Wasser und 2 Eßlöffeln Öl aus.

Kamut: Eine Neuheit auf dem Markt. Die uralte wiederentdeckte Weizenart hat hervorragende Backeigenschaften. Getreidegerichte, die mit Weizen oder Dinkel zubereitet werden, gelingen auch mit Kamut ausgezeichnet. Wenn Ihr Naturkost-Händler Kamut nicht auf Lager hat, kann er ihn problemlos für Sie bestellen (alle anderen Körner natürlich genauso).

Müsli-Snacks im Handumdrehen

Müsli, Granola und Müsli-Riegel sind eine schnelle Stärkung zum Frühstück oder für zwischendurch. Auch sie lassen sich im Vorrat halten und sind mit Milch oder Joghurt eine vollwertige Mahlzeit.

Müsli auf Vorrat

Für eine Wochenportion mischen und geschlossen aufbewahren:
je 50 g Hafer- und Weizenflocken, je 40 g getrocknete weiche Aprikosen und Datteln (rosinengroß gewürfelt), 20 g Rosinen, 20 g Sesamsamen, 50 g Walnüsse (grob gehackt), 30 g Sonnenblumenkerne. Pro Portion 4 Eßlöffel mit Joghurt oder Milch anrichten.

Granola

(amerikanische Müslimischung)
Den Backofen auf 180° (Umluft 160°) vorheizen. In einer Schüssel mit 1 Prise Meersalz und 1 Eßlöffel Sonnenblumenöl vermischen: 100 g Haferflocken, 50 g Weizenflocken, 20 g Sonnenblumenkerne, 50 g geschälte Mandeln und 10 g Sesamsamen. Auf einem Backblech ausgebreitet etwa 20 Minuten rösten, dabei ab und zu wenden. Dann in einer Schüssel mit 40 g Rosinen, 40 g kleingeschnittenen weichen, getrockneten Aprikosen, 1 Prise Zimt und 30 g Akazienhonig vermischen. Nach dem Erkalten in Gläsern geschlossen aufheben. Je Portion 3 Eßlöffel Granola mit Milch oder Joghurt servieren.

Frischkorn-Müsli

(1 Portion)
2–3 Eßlöffel Hafer fein schroten oder zu Flocken quetschen und mit 100 g Joghurt, 1/2 geriebenem Apfel, 1/2 zerdrückten Banane, 1 Eßlöffel gehackten Nüssen und 1 Prise Bourbon-Vanille vermischen. Mit 2 Eßlöffeln Obst oder Beeren garnieren.
Alle anderen Getreide müssen fein geschrotet etwa 30 Minuten und grob geschrotet 10 Stunden in kaltem Wasser oder Joghurt im Kühlschrank eingeweicht werden. Geeignet sind die milden Getreide Weizen und Dinkel, außerdem Gerste und Roggen. Buchweizen vorher heiß waschen. Gut passen auch ganze Getreidekeimlinge.

• Tips

Trockenobst getrennt vom Getreide einweichen. Milch und ungesäuerte Milchprodukte nicht zum Einweichen verwenden, sondern erst immer direkt beim Anrichten zum Müsli geben. Mit der Flockenpresse frisch hergestellte Getreideflocken 3–4 Stunden einweichen. Nur selbst gepreßte Haferflocken können gleich verwendet werden.

Müsli-Riegel

(25 Stück)
125 g weiche getrocknete Aprikosenwürfelchen, 50 g Rosinen, 100 g gehackte Haselnüsse, 150 g Akazienhonig und 100 g zerlassene Butter mit dem Pürierstab portionsweise pürieren. 100 ml Mineralwasser, 50 ml Apfelsaft, 200–300 g Dinkelmehl, je 1/4 Teelöffel Nelken- und Zimtpulver und 1/2 Teelöffel Bourbon-Vanille einarbeiten. Die Masse 6 Stunden ruhen lassen. 100 g Haferflocken und 30 g Sonnenblumenkerne untermischen. 30 Minuten stehenlassen. Backofen auf 200° vorheizen. Teig mit 1 1/2 Teelöffeln geriebener Zitronenschale mischen, zur Wurst formen, in Scheiben schneiden und in 7 x 4 cm große Riegel formen. Mit je 4 Eßlöffeln Korinthen und Mandelstiften verzieren und im Backofen (Mitte, Umluft 180°) 20–30 Minuten backen.

Zutaten für je 4 Personen

Süße Polenta
2 unbehandelte Zitronen
150 ml Vollmilch
1/4 Teel. Bourbon-Vanille
40 g Polentagrieß
2 Eßl. Honig · 2 Eigelbe
180 g gemischtes Dörrobst
1/2 Teel. Zimtpulver
1/2 Teel. Ingwerpulver
1 Prise Anispulver
2 Prisen Kardamom
2 Eßl. Butter
4 Zitronenmelissespitzen
Fett für die Form

Zubereitungszeit:
etwa 35 Minuten
(+ 30 Minuten Kühlzeit)

Süßer Risotto
125 ml Apfelsaft (naturtrüb)
1/4 Teel. Bourbon-Vanille
2 Sternanis
2 Eßl. Honig · Meersalz
125 g Rundkorn-Naturreis
400 ml Vollmilch
4 Eßl. Rosinen
1 unbehandelte Zitrone
3 Eßl. Pinienkerne
150 g rote Johannisbeeren
2 Nektarinen · 1 Apfel
100 g Brombeeren
3 Minzeblätter

Zubereitungszeit:
etwa 45 Minuten
(+ 30 Minuten Quellzeit)

Süße Polenta mit Kompott

Im Bild • Preiswert

• Die Zitronen heiß abwaschen und abreiben. Mit einem Zestenreißer die Zitronenschalen in Streifen reißen. Milch mit Vanille aufkochen lassen. Polentagrieß, Honig und Zitronenschale einrühren, bei schwacher Hitze unter Rühren etwa 10 Minuten quellen lassen.

• Etwa 5 Minuten stehenlassen und lauwarm mit den Eigelben verrühren. Eine kleine Form fetten, die Polenta einfüllen, glattstreichen, mit Folie bedecken und abkühlen lassen.

• Dörrobst in eine Schüssel füllen und mit kochendem Wasser übergießen. Mit Zimt, Ingwer, Anis und Kardamom würzen und abkühlen lassen.

• Die Polenta in der Form in rechteckige Scheiben schneiden. Butter in einer Pfanne bei mittlerer Hitze heiß werden – nicht rauchen – lassen. Die Polentaschnitten darin pro Seite etwa 3 Minuten bräunen. Mit dem Kompott und der Melisse anrichten.

Pro Portion etwa: 1190 kJ/285 kcal

Süßer Risotto mit Früchten

Exklusiv • Für Gäste

• Apfelsaft mit Vanille, Sternanis, Honig und Salz aufkochen lassen. Reis einrieseln lassen und nach und nach die Milch unterrühren. Unter ständigem Rühren bei mittlerer Hitze etwa 10 Minuten köcheln lassen.

• Inzwischen Rosinen in warmem Wasser quellen lassen. Zitrone heiß waschen, abtrocknen und mit dem Zestenreißer Zesten abreißen. Den Saft der Zitrone auspressen. Eine trockene Pfanne erhitzen und darin bei mittlerer Hitze Pinienkerne goldbraun rösten. Pinienkerne, Zesten und Rosinen zum Reis geben und das Gericht vom Herd ziehen. Etwa 30 Minuten quellen lassen.

• Obst waschen. Johannisbeeren von den Stengeln zupfen. Nektarinen von den Steinen, Apfel vom Kerngehäuse befreien und beides in Spalten schneiden. Minze in Streifen schneiden. Das Obst mit Zitronensaft, Brombeeren und Minze vermischen. Den lauwarmen Risotto damit anrichten.

Pro Portion etwa: 1470 kJ/350 kcal

Müsliparfait mit Papayas

Raffiniert • Im Bild

• Eine Pfanne erhitzen. Haferflocken und die Nüsse nacheinander darin rösten. Von den Nüssen die Haut abreiben und die Nüsse hacken. Trockenfrüchte fein würfeln. Orangen heiß waschen und abtrocknen. Von 1/2 Orange Schale in Zesten (Streifen) reißen. Orangensaft auspressen. Die Sahne steif schlagen und kalt stellen.

• In einer Schüssel Eigelbe, 3 Eßlöffel Honig, Vanille und 2 Eßlöffel lauwarmes Wasser cremig rühren. Sahne, Trockenfrüchte, Haferflocken, Haselnüsse und Zesten untermischen. Die Hälfte des Saftes unterrühren. Alles in Förmchen füllen und 2–3 Stunden tiefkühlen.

• Die Papayas schälen, halbieren und entkernen. Einen Teil in 16 dünne Scheiben schneiden, den Rest würfeln und mit dem übrigen Saft und Honig pürieren. Die Parfaits mit Sauce und Papaya anrichten.

Pro Portion etwa: 2085 kJ/500 kcal

Buchweizen-Laibchen

Raffiniert • Gelingt leicht

• Weizen mehlfein mahlen. Mohn mit der Getreidemühle grob schroten. Beides mit Buchweizen, Sahne, Milch, Zuckerrohrgranulat und Salz verrühren und etwa 30 Minuten quellen lassen.

• Inzwischen Preiselbeeren waschen und abtropfen lassen. 1 Eßlöffel Butter und Honig in einer Pfanne bei mittlerer Hitze etwa 3 Minuten bräunen lassen (karamelisieren). Die Preiselbeeren unterrühren, mit Orangensaft ablöschen und etwa 2 Minuten garen, dann kalt stellen.

• Den Buchweizenteig zu kleinen Laiben formen und in zwei Portionen backen. Dafür jeweils in einer Pfanne 1 Eßlöffel Butter bei mittlerer Hitze heiß werden lassen. Die Laibchen von beiden Seiten in je etwa 4 Minuten goldgelb backen.

• Die Sauce auf Teller geben. Die Buchweizen-Laibchen darauf anrichten. Mit Pistazien garnieren.

Pro Stück etwa: 645 kJ/150 kcal

Zutaten

Müsliparfait
(4 Formen à 1/4 l)
4 Eßl. Haferflocken
50 g Haselnüsse
200 g Trockenfrüchte (Aprikosen, Birnen, Äpfel, Feigen)
2 unbehandelte Orangen
250 g Sahne
3 Eigelbe
4 Eßl. Blütenhonig
Bourbon-Vanillepulver
2 Papayas

Zubereitungszeit:
etwa 45 Minuten
(+ 2–3 Stunden Gefrierzeit)

Buchweizen-Laibchen
(20 Stück)
100 g Weizen
100 g Mohn
150 g Buchweizengrütze
5 Eßl. Sahne
100 ml Milch
150 g Zuckerrohrgranulat
1 Prise Salz
200 g Preiselbeeren
3 Eßl. Butter
100 g Akazienhonig
5 Eßl. Orangensaft
1 Eßl. gehackte Pistazienkerne

Zubereitungszeit:
etwa 45 Minuten
(+ 30 Minuten Quellzeit)

Grünkernauflauf mit Mandeln und Holunderbeeren

Läßt sich gut vorbereiten • Für Gäste

Zutaten für 4 Personen

1 l Vollmilch
1/2 Teel. Bourbon-Vanille
Meersalz
200 g Grünkernschrot
80 g Mandelstifte
30 g Mandelblätter
2 unbehandelte Zitronen
4 Eier
250 g Akazienhonig
200 g Holunderbeeren
200 ml Holundermuttersaft (Reformhaus)
1/2 Teel. Zimtpulver
2 g Johannisbrotkernmehl (Reformhaus)
8 Minzeblättchen
Fett für die Form

Zubereitungszeit: etwa 45 Minuten (+ 1 Stunde Backzeit)

• Die Milch mit Vanille und Salz aufkochen lassen. Den Grünkernschrot unter Rühren einstreuen und bei schwacher Hitze zugedeckt etwa 10 Minuten garen. Dann vom Herd ziehen und etwa 15 Minuten quellen lassen.

• Eine Pfanne erhitzen und darin getrennt die Mandelstifte und Mandelblättchen in je etwa 1 Minute goldgelb rösten. Die Zitronen heiß abwaschen und abtrocknen. Mit einem Zestenreißer Zesten (Streifen) abreißen. 1 Zitrone auspressen. Die Eier trennen. Die Eiweiße steif schlagen.

• Den Backofen auf 180° vorheizen. Die Eigelbe und 150 g Honig mit dem Rührgerät cremig schlagen. Die Zesten unterrühren. Den Eischnee unterziehen und den Grünkernbrei und die Mandelstifte unterheben. Den Auflauf in eine Form füllen und im Backofen (Mitte, Umluft 160°) etwa 1 Stunde backen.

• Die Beeren von den Zweigen zupfen und waschen. In einen Topf füllen und mit dem Holundermuttersaft, restlichem Honig und Zimt aufkochen lassen. Die Beeren bei schwacher Hitze etwa 5 Minuten köcheln lassen. Zitronensaft unterrühren und zum Binden Johannisbrotkernmehl untermischen. Alles etwa 2 Minuten unter Rühren kochen und dabei eindicken lassen.

• Auflauf mit einem Löffel auf Teller verteilen. Mit Sauce, Mandelblättern und Minze garnieren.

Pro Portion etwa: 3195 kJ/765 kcal

Variante:
Kamut-Auflauf mit Blaubeeren
Statt Grünkern 160 g Kamut schroten und mit 40 g Weizen-Vollkorngrieß, Salz und Vanille in die kalte Milch einrühren. Bei schwacher Hitze unter ständigem Rühren aufkochen, dann vom Herd ziehen und erkalten lassen. Bevor der Eischnee untergezogen wird, 1/2 Teelöffel Weinstein-Backpulver unterrühren. Wie im Rezept beschrieben fertigstellen.

Zutaten für je 4 Personen

Quinoa-Soufflé
150 g Quinoa
300 ml Milch · 4 Eier
100 g schwarze Johannisbeeren
4 blaue Feigen
60 g Zuckerrohrgranulat
100 ml schwarzer Johannisbeersaft
150 g Quark · 100 g Honig
Fett und Zuckerrohrgranulat für die Form

Zubereitungszeit: etwa 1 Stunde

Couscous-Savarin
200 ml Orangensaft
2 Eßl. Akazienhonig
1 Prise Safran
1/2 Teel. Zimtpulver
100 g mittelfeiner Couscous
2 Eßl. Korinthen
30 g Mandelsplitter
1 unbehandelte Orange
30 g Pistazienkerne
1 Eßl. Minzeblättchen, frisch geschnitten
1 Grapefruit
1 Kiwi · 2 Bananen
1 Granatapfel
10 frische Datteln
2 Eßl. Ahornsirup
4 Savarinförmchen

Zubereitungszeit: etwa 45 Minuten

Quinoa-Soufflé mit Feigen

Raffiniert • Für Gäste

• Quinoa schroten. Die Milch in einem Topf aufkochen lassen und Quinoa einrühren. Bei schwacher Hitze unter Rühren etwa 10 Minuten köcheln, zur Seite stellen und quellen lassen.

• Inzwischen die Eier trennen. Die Eiweiße steif schlagen und kalt stellen. Die Johannisbeeren waschen und abzupfen. Die Feigen schälen und sechsteln.

• Die Eigelbe nacheinander unter den Quinoabrei rühren. Den Backofen auf 200° vorheizen. Eine feuerfeste Form buttern und mit Granulat ausstreuen.

• Saft, Beeren und Granulat in einem Topf aufkochen und etwa 5 Minuten köcheln lassen. Grob pürieren. Die Feigen hineingeben, abkühlen lassen.

• Quark und Honig unter die Quinoamasse rühren, Eischnee unterziehen. Die Masse in die Form geben und im Backofen (Umluft 180°) etwa 25 Minuten backen. Das Soufflé sofort mit der Sauce servieren.

Pro Portion etwa: 2335 kJ/555 kcal

Couscous-Savarin mit Früchten

Läßt sich gut vorbereiten • Im Bild

• Orangensaft mit Honig, Safran und Zimt aufkochen lassen. Über den Couscous und die Korinthen gießen und zugedeckt etwa 10 Minuten quellen lassen.

• Eine Pfanne erhitzen und die Mandelsplitter darin kurz rösten. Die Orange heiß waschen, abtrocknen und mit einem Zestenreißer Zesten (Streifen) abreißen. Mit Pistazien und Minze unter den Couscous mischen und die Förmchen fetten und füllen.

• Die Orange und die Grapefruit so schälen, daß das Fruchtfleisch angeschnitten wird, quer halbieren und in Spalten schneiden. Die Kiwi schälen und längs vierteln, die Bananen schälen. Beides in Scheiben schneiden. Den Granatpafel vierteln, die Kerne auslösen. Die Datteln entkernen und sechsteln. Alles mit Sirup mischen.

• Die Savarins auf Teller stürzen und mit den Früchten garnieren.

Pro Portion etwa: 2370 kJ/515 kcal

Zutaten für 4 Personen

$^1/_4$ l Milch
Meersalz
2 Prisen Bourbon-Vanille
100 g Zuckerrohrgranulat
150 g Weizen-Vollkorngrieß
1 Eßl. Butter
2 Eier
1 unbehandelte Zitrone
100 ml Mangosaft
1 Teel. frische Rosmarinnadeln
1 Eßl. Blütenhonig
400 g Mirabellen
200 g Aprikosen
2 Eßl. Mandelstifte

Zubereitungszeit:
etwa 35 Minuten

Vollkorn-Grießknödel mit Mirabellen

Gelingt leicht • Preiswert

• In einem Topf Milch mit 1 Prise Salz, Vanille und Zuckerrohrgranulat zum Kochen bringen. Unter Rühren den Grieß einstreuen und bei schwacher Hitze in etwa 1 Minute eine feste Masse abrühren. Den Topf vom Herd nehmen, die Masse etwa 5 Minuten abkühlen lassen. Butter untermischen und die Eier nacheinander unterrühren. Grieß zugedeckt etwa 10 Minuten quellen lassen.

• Währenddessen die Zitrone heiß waschen und abtrocknen. Dann mit dem Zestenreißer Zesten (dünne Streifen) abreißen. Den Saft auspressen. Mangosaft, Zitronensaft, Zitronenzesten, Rosmarin und Honig in einer Schüssel vermischen. Mirabellen und Aprikosen waschen und entsteinen. Mirabellen halbieren und Aprikosen in Spalten schneiden. Die Früchte mit der Marinade mischen und ziehen lassen.

• 1 $^1/_2$ l Salzwasser zum Kochen bringen. Ein Töpfchen mit heißem Wasser bereitstellen. Mit zwei Teelöffeln etwa 20 Klößchen von der Grießmasse abstechen und in das kochende Wasser gleiten lassen. Damit die Grießmasse nicht klebt, die Löffel immer wieder in heißes Wasser tauchen. Klößchen etwa 10 Minuten ziehen lassen.

• Eine trockene Pfanne bei mittlerer Hitze heiß werden lassen und Mandelstifte darin goldgelb rösten.

• Früchte auf Teller verteilen und die Klößchen dazugeben. Mit der Marinade nappieren (überziehen) und mit den Mandelstiften bestreuen.

Pro Portion etwa: 1960 kJ/470 kcal

Variante:
Kamut-Klößchen
80 g Kamut schroten und mit 8 Eßlöffeln Milch anrühren. Übrige Milch wie im Rezept beschrieben mit den Gewürzen aufkochen lassen und 50 g Weizen-Vollkorngrieß und den angerührten Kamut hineinrühren. Dann wie beschrieben fortfahren.

Hirseauflauf mit Joghurtsauce

Läßt sich gut vorbereiten • Im Bild

• Die Hirse schroten und den Weizen fein mahlen. Die Trockenfrüchte sehr klein würfeln. Die Rosinen grob hacken. Den Apfel waschen und grob reiben. Die Walnüsse grob hacken. Die Zitrone heiß waschen, abtrocknen und Zesten (Streifen) abreißen.

• Den Backofen auf 180° vorheizen. Eine feuerfeste Form fetten. Die Eier trennen. Die Eigelbe mit 70 g Honig cremig schlagen. Hirse, Weizen, Quark, Trockenfrüchte, Rosinen, Apfel, Walnüsse, Zitronenzesten und Zimt untermischen.

• Die Eiweiße steif schlagen und unter den Teig ziehen. Die Masse in die Form füllen und im Backofen (Mitte, Umluft 160°) etwa 1 Stunde backen.

• Inzwischen 1 Eßlöffel Zitronensaft auspressen. Die Sahne steif schlagen und mit Joghurt, übrigem Honig, dem Zitronensaft und Zitronenmelisse vermischen. Den Auflauf mit der Joghurt-Zitronen-Sauce auf die Teller verteilen.

Pro Portion etwa: 2785 kJ/665 kcal

Amaranthkuchen mit Aprikosen

Raffiniert • Gelingt leicht

• Amaranth und Weizen mehlfein mahlen. Die Aprikosen in rosinengroße Würfel schneiden. Die Rosinen in Cognac und 2 Eßlöffeln Wasser einweichen. Die Eier trennen. In einem kleinen Topf die Butter zerlassen.

• Den Backofen auf 180° vorheizen. Die Form fetten und mit Mehl ausstäuben. Die Eiweiße mit Salz steif schlagen und zum Schluß 1 Eßlöffel Honig unterrühren. Den Eischnee kalt stellen. Die Eigelbe mit übrigem Honig cremig schlagen. Amaranth, Weizen, Backpulver, Zimt und Kardamom unter die Masse ziehen. Die zerlassene Butter unterrühren und die Aprikosen und Rosinen untermischen. Dann die Eiweißmasse unterheben und den Kuchen in die Form füllen. Im Backofen (Mitte, Umluft 160°) etwa 50 Minuten backen.

Bei 12 Stücken pro Stück etwa: 855 kJ/205 kcal

Zutaten

Hirseauflauf
(4 Personen)
150 g Hirse · 80 g Weizen
150 g Trockenfrüchte
4 Eßl. Rosinen · 1 Apfel
80 g Walnußkerne
1 unbehandelte Zitrone
4 Eier · 100 g Honig
100 g Quark
1 Teel. Zimtpulver
100 g Sahne · 250 g Joghurt
1 Teel. Zitronenmelisse, frisch geschnitten
Fett für die Form

Zubereitungszeit: etwa 30 Minuten (+ 1 Stunde Backzeit)

Amaranthkuchen
(1 Springform von 26 cm Ø)
100 g Amaranth
80 g Weizen
150 g getrocknete Aprikosen
2 Eßl. Rosinen
2 Eßl. Cognac (oder Orangensaft)
5 Eier · 50 g Butter
Meersalz · 150 g Honig
1/2 Teel. Backpulver
1/2 Teel. Zimtpulver
1 Prise Kardamom
Fett und Mehl für die Form

Zubereitungszeit: etwa 30 Minuten (+ 50 Minuten Backzeit)

REGISTER

Wichtiger Hinweis

Kaufen Sie möglichst nur Getreide aus kontrolliertem Anbau, das gereinigt, d. h., ohne Schmutz und Unkrautsamen ist. Vor allem Samen der giftigen Kornrade und im Roggen Mutterkorn dürfen nicht enthalten sein. Bei gereinigtem Getreide ist die Gefahr einer Vergiftung relativ gering.
Samen und Schoten von Hülsenfrüchten enthalten das giftige Phasin, das nur durch ausreichendes Garen abgebaut wird. Beim Keimen wird es nur teilweise abgebaut, deshalb sollten Sie auch Sojabohnenkeimlinge nicht zu oft und grundsätzlich kurz erhitzt oder blanchiert essen.

IMPRESSUM

Redaktion: Christine Wehling
Lektorat: Adelheid Schmidt-Thomé
Layout, Typographie und Umschlaggestaltung: H.-J. Beckers
Fotos: H.-J. Beckers
Grafiken: H.-J. Beckers
Herstellung: Ina Hochbach
Satz: Filmsatz Schröter, München
Reproduktion: Penta Repro, München
Druck: Appl, Wemding
Bindung: Großbuchbinderei Monheim

ISBN 3-7742-3581-3

Auflage	5.	4.	3.	2.	1.
Jahr	02	01	2000	99	98

Elisabeth Döpp arbeitete lange Zeit als Lektorin für große Verlage. Seit 1985 ist sie Kochbuchautorin und UGB-Gesundheits-Trainerin im Bereich Ernährung. Zusätzlich gibt sie Kurse zum Thema Ernährung und Kochen.

Christian Willrich stammt aus dem Elsaß und ist seit 1980 Küchenchef in französischen Gourmet-Restaurants. Er präsentiert seit 1990 seine feine Naturküche mit großem Erfolg und ist als Kochbuchautor sowie als kulinarischer Berater tätig.

Jörn Rebbe wurde in einem japanischen Hotel zum Koch ausgebildet und ist als Küchenchef Spezialist für japanische und chinesische Küche. Seit 1995 wirkt er an Kochbüchern mit und hat 1997 eine Ausbildung zum diätetisch geschulten Koch abgeschlossen

Heinz-Josef Beckers studierte an der Universität Essen GH (Folkwang) Kommunikations-Design. Food-, Stillife- und experimentelle Fotografie zählen ebenso zu seinem Tätigkeitsfeld wie die konzeptionelle und grafische Arbeit für Firmen, Verlage und Agenturen.

Körner auf einen Blick

Amaranth (Seite 62)
Die feinen Körner geben Kuchen, Soufflés und Gemüsegerichten etwas Raffiniertes und Exotisches. Amaranth ist kein Getreide, sondern ein Gemüse aus den Anden, dessen Samen als Korn exportiert werden. Sie sind sehr reich an Vitaminen und Mineralien.

Bulgur (Seite 8)
Als eines der ältesten Nahrungsmittel der Welt wird er neu entdeckt. Guter Geschmack und kurze Garzeiten machen diese Spezialität aus dem mittleren Osten zum Favoriten.

Für Bulgur wird Hartweizen grob zerkleinert, vorgedämpft und getrocknet.

Buchweizen (Seite 62)
Sein besonderes Aroma macht jedes Gericht zur Spezialität, berühmt sind die russischen Blini oder die Kasha sowie die Galette aus der Bretagne. Buchweizen ist kein Getreide, sondern ein Knöterichgewächs (wie Rhabarber) und Natur pur: Er spricht auf intensiven Anbau nicht an, sondern gedeiht gut auf armen Böden.

Couscous (Seite 8)
Auf der Hitliste ganz oben: Denn mit Couscous läßt sich wunderbar kochen – von herzhaft bis süß.

Er kommt aus Nordafrika. Der gedämpfte, getrocknete und zu Kügelchen geformte Hartweizengrieß wird dort hauptsächlich über Schmorgerichten gedämpft und als Beilage gegessen.